Die Philosophie und die UNESCO

Philosophie und Transkulturalität

Herausgegeben von
Jacques Poulain (Paris),
Hans Jörg Sandkühler (Bremen),
Fathi Triki (Tunis)

Band 14

In Zusammenarbeit mit
den UNESCO-Lehrstühlen in Paris und Tunis

und
der Deutschen Abteilung «Menschenrechte und Kulturen»
des UNESCO-Lehrstuhls für Philosophie (Paris)
an der Universität Bremen

PETER LANG
Frankfurt am Main · Berlin · Bern · Bruxelles · New York · Oxford · Wien

Patrice Vermeren

Die Philosophie und die UNESCO

Mit einem Nachwort
von Jacques Poulain

Im Auftrag der
Deutschen UNESCO-Kommission
aus dem Französischen übersetzt
von Hans Jörg Sandkühler

PETER LANG
Internationaler Verlag der Wissenschaften

Bibliografische Information der Deutschen Nationalbibliothek
Die Deutsche Nationalbibliothek verzeichnet diese Publikation
in der Deutschen Nationalbibliografie; detaillierte bibliografische
Daten sind im Internet über http://dnb.d-nb.de abrufbar.

Umschlaggestaltung:
© Olaf Glöckler, Atelier Platen, Friedberg

Titel der französischen Originalausgabe: *La Philosophie saisie par L'UNESCO*
von Patrice Vermeren (Mitgründer des Collège international de philosophie,
Forscher am Forschungszentrum CNRS/Paris, Berater der UNESCO-Abteilung
für Philosophie, Professor für Philosophie an der Université Paris 8
und Honorarprofessor an der Universität von Chile).

Zuerst veröffentlicht von der Organisation der Vereinten Nationen für Bildung,
Wissenschaft, Kultur und Kommunikation (UNESCO),
7, place de Fontenoy, 75352 Paris 07 SP, Frankreich.

*Die verwendeten Bezeichnungen und die Präsentation der Inhalte
stellen keinerlei Meinungsäußerung der Herausgeber oder der UNESCO
hinsichtlich des Rechtsstatus eines Landes, Territoriums, einer Stadt oder
eines Gebiets oder deren Behörden oder hinsichtlich von Grenzverläufen dar.*

*Die Autoren sind verantwortlich für Auswahl und Darstellung
der in dieser Publikation dargestellten Tatsachen und für die darin
zur Sprache kommenden Meinungen, welche nicht unbedingt
denen der UNESCO entsprechen müssen oder diese binden.*

*Für die Übersetzung ins Deutsche sind die Deutsche UNESCO-Kommission
und der Verlag Peter Lang verantwortlich.*

*Deutsche UNESCO-Kommission e.V.
Verantwortlich: Dr. Lutz Möller Colmantstr. 15,
53115 Bonn, www.unesco.de*

Gedruckt auf FSC-zertifiziertem, alterungsbeständigen
und säurefreiem Munken Premium-Papier.

ISSN 1618-467X
ISBN 978-3-631-61620-8
© UNESCO 2003
© für die deutsche Ausgabe: Peter Lang GmbH
Internationaler Verlag der Wissenschaften, Frankfurt am Main
und Deutsche UNESCO-Kommission e.V., Bonn 2011
Alle Rechte vorbehalten.

Das Werk einschließlich aller seiner Teile ist urheberrechtlich
geschützt. Jede Verwertung außerhalb der engen Grenzen des
Urheberrechtsgesetzes ist ohne Zustimmung des Verlages
unzulässig und strafbar. Das gilt insbesondere für
Vervielfältigungen, Übersetzungen, Mikroverfilmungen und die
Einspeicherung und Verarbeitung in elektronischen Systemen.

www.peterlang.de

Danksagung

an

Moufida Goucha, Mika Shino, Jens Boel, Mahmoud Ghander
und René Zapata

sowie an

Feriel Aït-Ouyahia, Véronique Aldebert, Iordanis Arzoglou, Kristina Balalovska, Jean-Godefroy Bidima, Aïssata Boundy, Arnaud Drouet und Marie-José Lallart

Inhalt

Danksagung	5
Vorwort: Keine UNESCO ohne Philosophie	11
Die Philosophie aus Sicht der UNESCO	13

I – Die UNESCO als philosophische Utopie 17
 Philosophische Prinzipien und das Versprechen der Verfassung 17
 Das Philosophie-Programm der UNESCO 19

II – Sartre vor der Generalkonferenz der UNESCO 23
 Die Verantwortung der Schriftsteller und die UNESCO:
 ein Vermittlungsnetzwerk 24

III – Der letzte Raum eines Zusammenklangs der Ideen 27
 Ein evolutionärer Humanismus für die UNESCO? 27
 Der Beitrag des ‹esprit français› zur neuen Organisation 29
 Von der babylonischen Verwirrung des spekulativen Denkens
 zum gemeinsamen praktischen Denken 31

IV – Die Frage der Menschenrechte 34
 Die nicht erreichbare theoretische Übereinstimmung und die
 notwendige Konfrontation der Ideen 35
 Über das ‹natürliche Gesetz› und die historische Entwicklung der
 Gesellschaft – zwei miteinander nicht vereinbare Grundlagen der
 Menschenrechte 36
 Die geistigen Voraussetzungen einer politischen Organisation der Welt
 in Fortschritt und Frieden 37

V – Die Zeitschrift Diogène, geistiger Kompass
 und Querschnitt der Geisteswissenschaften 39
 Von Argentinien zur UNESCO 39
 Der Conseil International de la Philosophie et des Sciences Humaines
 (CIPSH) 40
 ‹Querschnitt› als authentischer und militanter Ausdruck der im CIPSH
 föderierten Wissenschaftler 42

VI –	‹Uneskisch› – der Stil und die Sprache der UNESCO	45
	Eine philosophische Haltung wird vom UNESCO-Stil auf die Probe gestellt	46
	Sinnsuche in einer sinnlosen Welt	48
	Freiheit leben in einem von Begeisterung und Leidenschaft geprägten Haus	49
	Das Risiko des Denkens im Programm der UNESCO	50
VII –	Die UNESCO in der Tradition von Aristoteles, Immanuel Kant und Jacques Derrida	52
	«Die Weisheit wohnt im Herzen der Menschen. Dort muss der Frieden keimen. Dies ist die Idee der UNESCO»	52
	Das Aristoteles-Jubiläum, die Vergangenheit der Philosophie und das Schweigen Jacques Lacans	53
	Die Philosophie und die Philosophien heute und ihre Beziehungen zu den Sozial- und Geisteswissenschaften	55
	Das Recht auf Philosophie	58
VIII –	Menschliche Natur und Kultur des Friedens	61
	Prolegomena zu einer philosophischen Geschichte der UNESCO	61
	Die ‹Rassen›-Frage, die Wissenschaft und der Kriegstrieb	64
	Die Einführung des Begriffs der Friedenskultur	67
	Die ‹Pariser Erklärung für die Philosophie›	69
IX –	Philosophische Lehre und Demokratie in der Welt	72
	Die erste internationale Umfrage zur Lehre der Philosophie	72
	Regionalstudien zur philosophischen Lehre und Forschung	73
	Demokratie und Philosophie in der Welt	74
	Jacques Lacan: Der Traum des Aristoteles	76
X –	Von Santiago de Chile nach Seoul, von Tunis nach Montreal, von Ankara nach Caracas und Paris: Die UNESCO-Lehrstühle für Philosophie	79
XI –	Von philosophischen Begegnungen zu einem Internationalen UNESCO-Tag der Philosophie: Geteilte Philosophie	87
	Die Arbeit der Philosophie öffentlich machen	87
	Die Ethik als Problem – zwischen dem Universellen und der Menschheit	89
	Der Tag der Philosophie	91

Inhalt 9

Nachwort von Jaques Poulain:
Und heute: Keine Philosophie ohne die UNESCO 93

Anhänge 107
I. – Die derzeitigen offiziell anerkannten
UNESCO-Lehrstühle für Philosophie 107

II. – Sektorübergreifende Philosophie-Strategie der UNESCO 109

Personenregister 121

Vorwort

Keine UNESCO ohne Philosophie

Die UNESCO hat immer enge Beziehungen zur Philosophie gepflegt – zu einer Philosophie, die nicht spekulativ oder normativ ist, sondern die kritische Fragen stellt und die erlaubt, dem Leben und Handeln im internationalen Kontext Sinn zu geben.

Die UNESCO ist aus der Analyse der Bedingungen der Möglichkeit dafür entstanden, dass auf der Welt dauerhaft Frieden und Sicherheit herrschen; sie ist deshalb eine institutionelle Antwort auf eine philosophische Frage, wie sie bereits von Abbé de Saint-Pierre und Immanuel Kant gestellt wurde. Und man kann sagen, sie sei selbst eine philosophische Institution, denn sie will ihren Beitrag leisten *durch Förderung der Zusammenarbeit zwischen den Völkern in Bildung, Wissenschaft und Kultur zur Wahrung des Friedens und der Sicherheit, um in der ganzen Welt die Achtung vor Recht und Gerechtigkeit, vor den Menschenrechten und Grundfreiheiten zu stärken, die den Völkern der Welt ohne Unterschied der Rasse, des Geschlechts, der Sprache oder Religion durch die Charta der Vereinten Nationen bestätigt worden sind.* Es handelt sich um eine Zielsetzung, die zur Erprobung und praktischen Anwendung einer Philosophie des Rechts, der Menschenrechte und der Universalgeschichte verpflichtet, und zwar mit Mitteln, die selbst philosophischer Natur sind.

Die UNESCO selbst hat, dies ist zu betonen, keine ‹eigene› Philosophie, sieht sie sich doch als privilegierter Ort des Austauschs und des Dialogs der vielfältigen Erfahrungen des Denkens und der Weltkulturen. Man wird eher sagen, dass die UNESCO eine Philosophie *ist*.

Man kann die Geschichte dieser Philosophie, welche die UNESCO ist, schreiben. Denn die UNESCO stützt sich immer auf die Erinnerung an ihre Tradition, wenn sie getreu ihrer Verfassung ihre Gegenwart neu bestimmt.

Eine der möglichen Lesarten dieser Tradition ist genau die, die Patrice Vermeren hier in seiner Darstellung der Philosophie aus Sicht der

UNESCO vorschlägt. Ihr kommt das Verdienst zu, uns in unserem Engagement zu bestärken, diese Tradition lebendig zu halten und mit allen möglichen Mitteln eine internationale philosophische Kultur zu verbreiten.

Unser Sektor[1] Sozial- und Geisteswissenschaften soll, dies ist mein Wunsch, ein wirkliches Laboratorium von Ideen und Antizipationen sein sowie ein internationaler Ort der Forschung, der Reflexion, des Austauschs und der Erarbeitung von Prinzipien, Normen und politischen Maßnahmen in Feldern wie prospektiver Planung, Sozial- und Geisteswissenschaften, Philosophie, Menschenrechten und Ethik der Wissenschaften und Technologien.

Setzen wir uns dafür ein, mit der Kraft der Ideen den gesellschaftlichen Wandel zu beeinflussen. Hierbei ist – um einen schönen Ausdruck von Jeanne Hersch aus ihrer berühmten, im Auftrag der UNESCO verfassten Studie *Les droits de l'homme d'un point de vue philosophique*[2] zu verwenden – der «philosophische Umweg» tagtäglich und heute mehr denn je notwendig.

Pierre Sané

Stellvertr. Generaldirektor für Sozial- und Geisteswissenschaften[3]

---

[1] Das UNESCO-Sekretariat ist verwaltungstechnisch auf oberster Ebene in ‹Sektoren› unterteilt, die von ‹Beigeordneten Generaldirektoren› bzw. ‹Stellv. Generaldirektoren› geleitet werden. Anm. d. Übers.

[2] Siehe: http://www.aidh.org/Hersch/brochure/06portee.htm (1990). Auch in: Raymond Klibansky/ David Pears (eds), *La philosophie en Europe*, Gallimard/UNESCO, Paris 1993. Anm. d. Übers.

[3] Pierre Sané hat diese Funktion bis 2010 ausgeübt. Anm. d. Übers.

Die Philosophie aus Sicht der UNESCO[4]

Warum genießt die Philosophie die besondere Wertschätzung der UNESCO? Die Antwort auf diese einfache Frage erweist sich als komplex.

Eine erste Antwort findet sich in der Verfassung der UNESCO[5] mit der Aussage, dass die Aufrechterhaltung des Friedens vom wechselseitigen Verständnis der Kulturen und vom freien Austausch von Ideen und Kenntnissen abhängig ist. Zwanzig Jahre später hat René Maheu, vormals Philosophieprofessor und zum Zeitpunkt der Aussage Generaldirektor der UNESCO, daran erinnert, *dass die Schaffung von Frieden ein Handwerk der Philosophie und der Einsatz der Werkzeuge der UNESCO eine eminent philosophische Aktion ist, denn sie gründet in ihrem Verständnis und in ihrer Reichweite wesentlich im Bewusstwerden menschlicher Universalität.*[6]

Und wenn die Funktion der UNESCO als im eigentlichen Sinne philosophisch bezeichnet werden kann, so sind ihre Natur und Struktur es um so mehr, wenn man – mit Jacques Derrida – nicht nur feststellt, *dass die ihr Handeln legitimierenden Konzepte nicht nur eine ihnen eigene, in die Verfassung der UNESCO eingeschriebene philosophische Geschichte haben, sondern dass eine derartige Institution die Teilhabe an einer Kultur und einer philosophischen Sprache impliziert und von ihr seitdem die*

---

[4] Herrn Dr. Lutz Möller, dem Leiter des Fachbereich Wissenschaft, Menschenrechte der Deutschen UNESCO-Kommission e.V., danke ich für hilfreiche Anregungen zu meiner Übersetzung. Anm. d. Übers.

[5] Die Verfassung der UNESCO wurde in London am 16. November 1945 verabschiedet und zuletzt geändert von der 30. UNESCO-Generalkonferenz am 1. November 2001. Siehe: Neue deutsche Textfassung, erarbeitet von der Deutschen UNESCO-Kommission in Zusammenarbeit mit der Österreichischen und der Nationalen Schweizerischen UNESCO-Kommission (2001): http://www.unesco.de/unesco_verfassung.html. Anm. d. Übers.

[6] Vgl. René Maheu: *Brief an M.A. Wagner de Reyna, ständige Delegierte Perus bei der UNESCO, vom 29. Januar 1968.*

Wirkung ausgeht, vor allem durch Erziehung und Bildung den Zugang zu dieser Sprache und Kultur zu ermöglichen.[7]

Dass die UNESCO eine philosophische Institution ist, beantwortet freilich nicht auch schon die Frage, wie die Philosophie institutionell in sie eingeschrieben ist. Man kann sogar sagen, dass diese Organisation aus Rechtsgründen einige Schwierigkeiten damit hatte und vielleicht noch hat, ihren Ort tatsächlich genau zu definieren. Denn wenn es auch von Anbeginn eine Programmatik der UNESCO für die Philosophie gibt[8], so hat doch die Sorge, die Organisation vor Dissensen zu bewahren, welche die Gemüter gegeneinander aufbringen statt sie gemeinsam voranbringen würden, dazu geführt, bestimmte Aufgaben einer Nichtregierungsorganisation zu übertragen, dem *Conseil International de la Philosophie et des Sciences Humaines* (CIPSH). Es handelt sich zum einen um Aufgabenstellungen, die ideologische und politische Kontroversen schüren könnten, und zum anderen um die eindeutig akademischen Aspekte des Programms: um Kongresse, Bibliografien, Zusammenfassungen von Ergebnissen der philosophischen Forschung und um das *Institut International de la Philosophie*.

Im Organigramm der UNESCO war die Philosophie zunächst den Sozialwissenschaften zugeordnet. Dann wurde sie unter dem Schlagwort ‹Geisteswissenschaften› der Abteilung ‹Kulturelle Aktivitäten› zugeschlagen, die seinerzeit in Zusammenarbeit mit Jacques Havet von Jean Thomas geleitet wurde. Erst unter René Maheu als Generaldirektor wurde 1964 eine eigenständige ‹Abteilung für Philosophie› eingerichtet und dem Stellvertretenden Generaldirektor für Sozialwissenschaften, Geisteswissenschaften und Kultur unterstellt. 1995 von den Geisteswissenschaften getrennt und direkt vom Büro des Generaldirektors betreut, kam die Phi-

---

[7] Vgl. Jacques Derrida: *Le droit à la philosophie du point de vue cosmopolitique,* Conférence à l'UNESCO du 23 mai 1991, Editions UNESCO-Verdier 1997. Vgl. ders., *Privileg. Vom Recht auf Philosophie I.* Hg. v. P. Engelmann. Übers. v. M. Sedlaczek, Wien 2003.
[8] Vgl. *Mémoire sur le programme de l'UNESCO en matière de philosophie,* Dokument der Untersektion Philosophie des Comité des Lettres vom 21. Juni 1946, UNESCO-Archiv.

Die Philosophie aus Sicht der UNESCO

losophie im Jahre 2000 zurück zum Sektor Sozial- und Geisteswissenschaften.

Wichtig ist jedoch weniger die Frage nach der institutionellen Einordnung der Philosophie in der Organisation. Vielmehr wurde die Gemeinschaft der Philosophen seitens der UNESCO immer wieder zusammengerufen, und zwar in der Person und im Werk ihrer bedeutendsten Repräsentanten, um die großen Weltprobleme zu erörtern, um die Verbreitung und das Verständnis der großen philosophischen Werke nicht nur durch Bücher, sondern auch audiovisuell und elektronisch zu fördern und um philosophische Bildung zu unterstützen. Gerade philosophische Bildung galt und gilt als Mittel, jenes kritische und freie Urteil zu erlernen, mit dessen Hilfe man auf das Universelle stoßen kann und staatsbürgerliches Verantwortungsbewusstsein entwickelt – in der Zielperspektive einer Globalisierung mit menschlichem Antlitz. Heute diese philosophische Tradition der UNESCO wiederzuentdecken und die Erinnerung an einige der sie bezeugenden philosophischen Ereignisse wach zu rufen, bedeutet, neue Antworten auf die Frage zu finden, warum die Philosophie die besondere Wertschätzung der UNESCO genießt.

Generalkonferenz der UNESCO, 1946
© UNESCO / Eclair mondial

I

Die UNESCO als philosophische Utopie

Die UNESCO hat immer eine enge Beziehung zur Philosophie gepflegt. Die in ihrer Verfassung maßgeblichen regulativen Ideen speisen sich aus den Quellen philosophischer Traditionen. Und seit ihrer Gründung beruft sich die Organisation auf die Philosophie, um diese Ideen in der Praxis zu verwirklichen.

Philosophische Prinzipien und das Versprechen der Verfassung

Schon 1942, als der Ausgang des Zweiten Weltkrieges noch alles andere als gewiss war, trafen sich die Bildungsminister der Alliierten. Sie beabsichtigten die Schaffung einer Institution, die mit intellektuellen und moralischen Mitteln eine Welt ohne Hass, Fanatismus und anti-aufklärerischen Obskurantismus aufbauen könnte. Anlässlich der ersten, 1945 in London stattfindenden Konferenz der neuen Organisation stellte ihr Vize-Präsident Léon Blum fest, dass dieser Krieg wesentlich «ideologischer» Natur gewesen sei: Der Krieg habe gezeigt, in welchem Maße sich Erziehung und Bildung, Kultur und Wissenschaften gegen das gemeinsame Interesse der Menschheit richten können. Es genüge deshalb nicht, sie zu perfektionieren; man müsse sie «auf die Ideologie der Demokratie und des Fortschritts ausrichten, welche die psychologischen Voraussetzung und der psychologische Grund der nationalen Solidarität und des Friedens sind».

In der Präambel der am 16. November 1945 beschlossenen Verfassung der UNESCO wird betont: «Der große furchtbare Krieg, der jetzt zu Ende ist, wurde nur möglich, weil die demokratischen Grundsätze der Würde, Gleichheit und gegenseitigen Achtung aller Menschen verleugnet wurden»; die Verantwortung für den Krieg wird also der Ausnutzung von Unwissenheit und Vorurteilen zugeschrieben, nicht der Pervertierung von Bildung, Kultur und Wissenschaft. Diese Position schreibt das folgende Dilemma fort: Genügt es wirklich – wie es in Art. 1 (1) der Verfassung heißt –, «durch Förderung der Zusammenarbeit zwischen den Völkern in

Bildung, Wissenschaft und Kultur zur Wahrung des Friedens und der Sicherheit beizutragen, um in der ganzen Welt die Achtung vor Recht und Gerechtigkeit, vor den Menschenrechten und Grundfreiheiten zu stärken»? Oder muss man vielmehr den Geist und seine Aktivität auf ein bestimmtes moralisches und politisches Vorbild ausrichten – und somit das Risiko in Kauf nehmen, seine Freiheit einzuschränken? Die Gründer der UNESCO haben geschickt die Möglichkeit der einen oder anderen Interpretation offen gelassen, um unter Berufung darauf künftige Aktivitäten legitimieren zu können. Im Vertrauen auf die Kraft des menschlichen Geistes, der von der Philosophie der Aufklärung belehrt und klarsichtig ist, legt sich die Institution nicht fest.

Wie soll man dann die Formulierung des ersten, vom Dichter Archibald MacLeish, dem Delegierten der Vereinigten Staaten bei der Londoner Konferenz, verfassten Satzes der Präambel der UNESCO-Verfassung verstehen: «Da Kriege im Geist der Menschen entstehen, muss auch der Frieden im Geist der Menschen verankert werden»? Die Formulierung schließt nicht aus, dass es auch soziale, ökonomische und politische Kriegsursachen gibt. Sie ist zweifellos von Aldous Huxleys Aufsatz ‹Die psychologischen Ursachen des Krieges (Brief über den Krieg und die Psychologie des Individuums)›[9] inspiriert, der 1934 in der vom *Institut International de Coopération Intellectuelle* herausgegebenen Zeitschrift *Correspondance* erschienen war: «Es ist notwendig, dass diejenigen, die den Frieden wünschen, das Böse des Krieges an seinen Wurzeln packen, d.h. im Individuum.» Die Formulierung MacLeishs geht freilich darüber hinaus, indem sie geltend macht, das Mittel zum Frieden sei die Herstellung von Kontakten und von Austausch nicht nur zwischen Regierungen oder Wissenschaftlern, sondern zwischen den Völkern der Welt. Sie führten zu wechselseitiger Kenntnis und gegenseitigem Verständnis zwischen den Menschen.

Den Begründungen der UNESCO-Verfassung zufolge ist der freie Austausch der Ideen und des Wissens für das wechselseitige Verständnis zwischen den Völkern nützlich; dieses Wissen fördert das Verständnis zwischen ihnen, das seinerseits den Weg zur *intellektuellen und moralischen*

---

[9] «Les causes psychologiques de la guerre (lettre sur la guerre et la psychologie de l'individu)». Anm. d. Übers.

Solidarität der Menschheit eröffnet: Dies sei die einzige Grundlage eines wirklichen und dauerhaften Friedens. Der utopische Geist der UNESCO besteht vielleicht genau hierin: Der Voluntarismus einer «internationalen Verständigung» stützt sich auf das Versprechen der Macht der organisierten Kraft der Ideenwelt. Dieses Versprechen bezeichnet wie jedes andere eine von der Gegenwart verschiedene Zukunft und stützt sich auf den Befund einer Schicksalsgemeinschaft der Menschen, die einander im Gefühl der Zugehörigkeit zu derselben Menschheit und der planetarischen Dimensionen der zu lösenden Probleme verbunden sind.[10]

Das Philosophie-Programm der UNESCO

Am 26. Juni 1946 erhielt die Untersektion Philosophie des *Comité des lettres et de la philosophie* eine *Denkschrift zum Philosophie-Programm der UNESCO*[11]: Die Lage der Philosophie rufe nach einer wirksamen Intervention der UNESCO. Der Krieg hatte die Kontakte zwischen den Philosophen der einzelnen Nationen unterbrochen, die Studierenden und die Universitäten waren von der Außenwelt abgeschnitten, Veröffentlichungen konnten nicht zirkulieren. Vor allem waren philosophische Begriffe pervertiert und von den totalitären Staaten – ja selbst in demokratischen Nationen – zu Propagandazwecken missbraucht worden. Prinzipien zum Schutze der Menschenwürde waren zugunsten der Effektivität der Mittel in den Hintergrund gerückt.

Infolgedessen sollte und wollte sich die UNESCO nicht darauf beschränken, die bereits vom *Institut International de Coopération Intellectuelle*, mit begrenzten Mitteln, geleistete Arbeit wieder aufzunehmen und zu in-

---

[10] Vgl. Jacques Havet: L'UNESCO au service de la paix, in: *La guerre et les philosophes de la fin des années 20 aux années 50*, textes réunis et présentés par Philippe Soulez, Paris 1992, S. 159-170. Es ist bekannt, dass das für ‹Science› (Wissenschaft) stehende ‹S› im Kürzel ‹UNESCO› der neuen Organisation auch hätte fehlen können, denn einige waren der Auffassung, Wissenschaft sei ein integraler Bestandteil der Kultur. Mit Unterstützung von Ellen Wilkinson, der Bildungsministerin Großbritanniens, haben Joseph Needham und Julian Huxley der Wissenschaft mit dem ‹S› zu ihrem Recht verholfen.

[11] *Mémoire sur le programme de l'UNESCO en matière de philosophie*. Anm. d. Übers.

tensivieren, also lediglich Kontakte zwischen Philosophen unterschiedlicher Nationen zu fördern. Sie stellte sich vielmehr die Aufgabe, weltweit eine philosophische Kultur zu verbreiten, öffentlich dafür zu werben, ja sogar eine philosophische Kultur zu popularisieren. Denn ihr vorrangiges Ziel war und ist, den Geist aller Menschen entsprechend dem Ideal menschlicher Solidarität zu bilden; somit galt das Bemühen im Bereich der Philosophie dem Ziel, in gewissem Umfang und sozusagen als Minimalgepäck eine breite Öffentlichkeit mit philosophischen und moralischen Begriffen so vertraut zu machen, dass die Achtung der menschlichen Natur, Friedensliebe, Ablehnung von kleinkariertem Nationalismus und brutaler Gewalt, Solidarität und wechselseitige Fürsorge zu einem sie leitenden kulturellen Ideal wird.

Die UNESCO stellt sich also die Aufgabe, die Werte der von ihr verteidigten Moralphilosophie und ihrer politischen Philosophie für alle zugänglich zu machen und, damit verbunden, den Fortschritt philosophischer Studien im eigentlichen Sinne zu fördern. «Im Bereich der Philosophie muss die UNESCO also zwei Ziele verfolgen:

1) Sie muss für den Fortschritt philosophischer Studien geeignete internationale Instrumente zur Verfügung stellen;

2) sie muss die Philosophie international in den Dienst der Bildung der Völker stellen.»[12]

Für die Gründer der UNESCO beschränkte sich Philosophie nicht auf spekulative Felder wie reine Metaphysik, theoretische und normative Ethik oder Individualpsychologie. Sie erstreckt sich vielmehr bis an die Grenzen des menschlichen Erkennens und auf das gesamte menschliche Handeln: «Mit besten Gründen kann man sagen, dass ihr Feld sich so weit erstreckt wie das der UNESCO». Man muss deshalb sowohl die philosophische Forschung weltweit zur gemeinsamen Sache machen als auch die Aufmerksamkeit der Philosophen auf die Menschheitsprobleme richten, wobei theoretisch vorausgesetzt ist, dass die Lösung im Erreichen einer geeinten Welt besteht.

---

[12] *Mémoire sur le programme de l'UNESCO en matière de philosophie* vom 26. Juni 1946, UNESCO-Archiv.

Die UNESCO als philosophische Utopie 21

In praktischer Hinsicht handelt es sich darum,

1) auf internationaler Ebene philosophische Studien durch Unterstützung, Anregung und Koordinierung von philosophischen Gesellschaften, Universitäten und Verlagen zu fördern, und zwar durch Anregung bzw. Förderung weltweiter Treffen von Philosophen, durch Verbesserung der Kontakte zwischen ihnen, durch Herausgabe bzw. Förderung internationaler Veröffentlichungen (Bibliografien, Karteien, Manuskripte, Zeitschriften, Übersetzungen, Übersetzungsindices, Synonymenlexika), durch Förderung des internationalen Dozenten- und Studierendenaustauschs, durch die zumindest teilweise Internationalisierung der Universitäten und durch deren Spezialisierung in der Arbeit in besonderen philosophischen Disziplinen;

2) dazu beizutragen, dass die Philosophie eine Rolle bei der Bildung des öffentlichen Bewusstseins spielt, indem sie die Menschenrechte und insbesondere die Rechte des Individuums in der Welt von heute bestimmt, indem sie den gegenwärtigen Zustand der Zivilisation und die Ungewissheiten des modernen Bewusstseins mit Blick auf mögliche Änderungsszenarien untersucht, indem sie Veröffentlichungen zu diesen Themen verbreitet und die Philosophie in die Lehrerausbildung einbindet.

Die Generalkonferenz der UNESCO stimmte 1946 den meisten dieser Programmelemente zu; darüber hinaus veranlasste sie Einladungen zu Vorträgen über die UNESCO in der Sorbonne an Philosophen wie J.-P. Sartre und A.J. Ayer.

Jean-Paul Sartre beim UNESCO-Kolloquium Kierkegaard vivant,
21. – 23. April 1964
© UNESCO / Asbel Lopez

II

Sartre vor der Generalkonferenz der UNESCO

Wie sollte man unter den Bedingungen der Gegenwart die Nachkriegszeit denken? Um auf diese Frage eine Antwort zu finden, fasste die Generalkonferenz der UNESCO den Entschluss, Treffen besonders engagierter Philosophen, Schriftsteller und Wissenschaftler einzuberufen. Im Rahmen des *Monats der UNESCO* wurden unter dem Vorsitz des englischen Dichters Stephen Spender, eines Experten der Sektion Bildende Künste, und Michel Montagniers, eines der wichtigsten Berater der UNESCO, siebenundzwanzig Vorträge im Louis Liard-Saal der Sorbonne und im Palais de la Découverte organisiert. Nach den Vorträgen von Emmanuel Mounier, Pierre Bertaux, A.J. Ayer und J.-P. Sartre, die ihre Haltung zu bestimmten Problemen erläuterten, deren sich die Intellektuellen aktuell anzunehmen hätten, bezog sich das Vorhaben direkter auf die für die UNESCO einschlägigen Bereiche, und zwar zunächst auf die Kultur, wobei insbesondere auf die – die UNESCO vorrangig interessierende – wechselseitige Durchdringung der Kulturen abgehoben wurde (A. Malraux, L. Aragon, S. Radakrishnan, L. Massignon, Jean Cassou, H. Read, M. Skipis). Ferner ging es um die Wissenschaft (F. Joliot-Curie, P. Petterssen, J. Needham, O. de Almeida, M. Caperson, Abbé Breuil, A.H. Compton) und schließlich um Erziehung und Bildung (H. Wilson, M. Bowra, W.G. Carr, Yuen Ren Chao; Anna Freud, die eine Klinik für die Rehabilitation vom Krieg traumatisierter Kinder leitete, wurde auch erwartet, war aber im letzten Augenblick verhindert). Julian Huxley fasste das allgemeine Ziel der UNESCO in seinem Vortrag «Les conditions du progrès» (Die Bedingungen des Fortschritts) zusammen. Im Musée d'art moderne fand eine Ausstellung zur modernen Kunst und Architektur statt, im Théâtre des Champs Elysées wurden Stücke aufgeführt, im Conservatoire wurden Konzerte gegeben und im Musée Pédagogique sowie an anderen Orten wurden Filme vorgeführt.[13]

Die Verantwortung der Schriftsteller und die UNESCO: ein Vermittlungsnetzwerk

Am 1. November 1946 kam Jean-Paul Sartre in der Sorbonne zu Wort. Für seine ganze Generation war er der Philosoph, der die Nachkriegszeit zu begreifen ermöglichte; er veröffentlichte 1946 *L'existentialisme est un humanisme* (März), *Matérialisme et révolution* (Juni), *New-York, ville coloniale*[14] und seine *Présentation* [eines Sonderheftes über die Vereinigten Staaten, in: *Les Temps Modernes*] (Juli bzw. August/September) sowie *Réflexions sur la question juive* (November)[15]; in der von ihm herausgegebenen Zeitschrift *Les Temps Modernes* kämpfte er an allen Fronten für die Freiheit der Unterdrückten – der von Kolonialismus Betroffenen, der Proletarier, der Juden.

Über diesen Vortrag gibt es in *La force des choses*[16] einen anekdotischen Bericht Simone de Beauvoirs: Jean-Paul Sartre hatte den Vorabend mit Arthur Koestler – dem berühmten Autor von *Le zéro et l'infini* –, Albert Camus und mit ihren Frauen verbracht, um bei Hors d'œuvres, Wodka und Champagner und der Musik von Rimski-Korsakows *Scherazade* über Literatur und Wahrheit, über Politik und Stalin zu diskutieren; beendet wurde die Nacht in einem Bistrot der Pariser Hallen; die Vorbereitung seines Vortrags hatte er unter dem Einfluss von Aufputschmitteln abgeschlossen.

---

[13] Vgl. M. Montagnier: *Le Mois de l'UNESCO*, UNESCO-Archiv. Einige Vorträge wurden von der Division de la Philosophie de l'UNESCO anlässlich des 50. Jahrestages der Gründung der UNESCO unter dem Titel *Horizons philosophiques, à l'origine de l'UNESCO* veröffentlicht.

[14] Zunächst: Manhattan: the great American desert. In: *Town and Country*. Unter dem Titel *New York, ville coloniale* 1949 in *Situations III* veröffentlicht. Anm. d. Übers.

[15] Deutsche Übersetzungen in: *Drei Essays. Ist der Existentialismus ein Humanismus – Materialismus und Revolution – Betrachtungen zur Judenfrage*, Frankfurt/M. 1989. Ferner: New York, eine Kolonialstadt. In: Situationen, 1965. Anm. d. Übers.

[16] Deutsch: *Der Lauf der Dinge*, Reinbek 1970. Anm. d. Übers.

Dennoch trug er einen bemerkenswerten Text über die Verantwortung des Schriftstellers vor, der so begann: «Meine Damen und Herren, Dostojewski hat gesagt: Jeder Mensch ist gegenüber allen für alles verantwortlich. Diese Formulierung wird von Tag zu Tag wahrer. In dem Maße, wie sich die nationale Gemeinschaft noch mehr in die menschliche Gemeinschaft integriert, in dem Maße, wie sich jedes Individuum noch mehr in die nationale Gemeinschaft integriert, kann man sagen, dass jeder von uns mehr und mehr an Verantwortung übernimmt und in immer weiterem Umfang verantwortlich ist. Wir haben jeden Deutschen, der nicht gegen das Nazi-Regime protestiert hat, für dieses Regime für verantwortlich gehalten; und wenn bei uns – oder in welchem Land auch immer – irgendeine Form von rassistischer oder ökonomischer Unterdrückung existiert, halten wir jeden für verantwortlich, der dies nicht anprangert. Und wenn heute, wo es so viele Mittel der Kommunikation und Information gibt, an welchem Ort der Erde auch immer eine Ungerechtigkeit begangen wird, beginnen wir auch für diese Ungerechtigkeit Verantwortung zu tragen. Auch das den Amerikanern so teuere Wort ‹one world› – eine einzige Welt – ist vielsagend; es besagt unter anderem, dass jeder für alles, was in der Welt geschieht, Verantwortung trägt.»[17]

Jeder Mensch ist als Mensch für alles Geschehen auf der Erde mit verantwortlich, allerdings nicht, weil er diesen oder jenen Beruf – wie Schuster oder Arzt – ausübt. Der Schriftsteller indes schreibt, weil er in einer Welt, in der die Freiheit ständig bedroht ist, für immer die Funktion übernimmt, die Freiheit zu bejahen und an sie zu appellieren. So gesehen, trägt er Verantwortung für die menschliche Freiheit, und die Freiheit, zu der er schreibend aufruft, ist eine konkrete Freiheit: Sie will etwas Konkretes und sie wird konkrete Freiheit durch ihr Wollen. Heutzutage bedeutet dies: eine neue Freiheit verwirklichen und diese deshalb neu denken.

Der Schriftsteller braucht die UNESCO als ein Vermittlungsnetzwerk, wenn er über die Leserschaft seines eigenen Landes hinaus auf Schriftsteller des Auslands einwirken möchte, um sich ihrer als Vermittler zu den Massen dieser Länder zu bedienen. Umgekehrt wird der Schriftsteller seinen Kollegen als Vermittler dienen, wenn diese wiederum auf seine Proteste und Erklärungen angewiesen sind. Dabei ist es unerheblich, ob

---

[17] Jean-Paul Sartre: *La responsabilité de l'écrivain,* Neudruck Paris 1998, S. 7.

das jeweilige Land eine herausgehobene historische Bedeutung hat oder – wie damals Europa – im Konzert der Nationen nicht mitspielt.

III

Der letzte Raum eines Zusammenklangs der Ideen

Was ist internationale kulturelle Zusammenarbeit? Auf diese Frage stellt die Gründung der UNESCO keine ganz eindeutige Antwort dar. Gewiss – sie bedeutet einen Bruch mit der vom Völkerbund repräsentierten Konzeption. Die UNESCO entscheidet sich auch gegen Paul Valérys «Gesellschaft der Geister» – d.h. gegen das Konzept einer freien Assoziation von Intellektuellen, wie es das Organisationsideal des *Institut International de Coopération Intellectuelle*[18] inspiriert hatte –, und konstituiert sich als Assoziation von Staaten, die sich um den Ausgang aus dem Zweiten Weltkrieg bemühen, und zwar in Form einer Politik der Erziehung und Bildung, der Wissenschaft und der Kultur, deren ausdrückliches Ziel Frieden und Sicherheit sind. Doch die Verfassung verdankt sich bekannterweise einer geschickten Ausklammerung des Dilemmas zwischen der Beschwörung der Bildung als Mittel, mit dem das Ziel ‹Frieden› erreichbar ist, und der Erarbeitung eines eigenen Paradigmas zur positiven Ausrichtung des moralischen und geistigen Handelns. Es stellte sich die Frage: Bedarf es einer Philosophie für die UNESCO, und wenn ja, welcher?

Ein evolutionärer Humanismus für die UNESCO?

Julian Huxley, der erste Generaldirektor, von seiner Ausbildung und seinem Beruf her Biologe, war davon überzeugt, die UNESCO könne auf eine eigene Philosophie nicht verzichten; sie benötige «eine Arbeitshypothese, die Ausdruck der den menschlichen Ansprüchen entsprechenden Ziele und Zwecke sei; angesichts der verschiedenen zu lösenden Probleme müsse ein bestimmter Standpunkt vorgeschrieben oder zumindest angeregt werden» – freilich nicht irgendein Standpunkt. Ganz offensichtlich könne dieser nicht auf ein auf eine bestimmte Religion gegründetes Welt-

---

[18] Vgl. Jean-Jacques Renoliet: *L'UNESCO oubliée. La société des Nations et la coopération intellectuelle (1919-1946)*, Paris 1999, und Denis Mylonas: *La genèse de l'UNESCO: la Conférence des Ministres Alliés de l'Education (1942ˉ1945)*, Bruxelles 1976.

bild oder auf eine bestimmte politisch-ökonomische Doktrin Bezug nehmen, die in einen dem Wesen der UNESCO widersprechenden Sektenstreit verwickeln und Zwietracht zwischen den Staaten säen würde. Dieser Standpunkt könne sich ebenso wenig auf eine begrenzte Philosophie berufen wie den Existenzialismus, Henri Bergsons Theorie des *élan vital*, den Rationalismus, den Spiritualismus, den ökonomischer Determinismus oder eine Zyklentheorie der Geschichte. Ebensowenig dürfe er in irgendeiner Form Autoritarismus, Klassenkampf oder Rassismus legitimieren, denn die UNESCO müsse demokratische Gleichheit und Menschenwürde als Prinzipien anerkennen. Schließlich dürfe er keinesfalls in einem Dualismus bestehen. Die Standpunktnahme müsse auf konkretes, die Welt beeinflussendes Handeln abzielen.

Julian Huxleys Antwort auf das so gestellte Problem bestand in der folgenden Definition: *Die allgemeine Philosophie der UNESCO muss ein universeller wissenschaftlicher Humanismus sein, der die verschiedenen Aspekte des menschlichen Lebens in sich vereint und auf die Evolution abhebt.* Ein Humanismus: Die Ziele der UNESCO sind Frieden, Sicherheit und Wohlfahrt; sie gründen in der die Bereiche der Erziehung, Wissenschaft und Kultur betreffenden Beziehung zwischen den Völkern. Es gehe um einen weltumspannenden und auf die Wissenschaft gegründeten, nicht materialistischen, sondern monistischen Humanismus. Zu formulieren sei ein weder statischer noch idealer und folglich evolutionistischer Humanismus, denn «die evolutionistische Perspektive stellt die Verbindung zwischen Natur- und Geisteswissenschaften her; sie lehrt uns die Notwendigkeit eines nicht statischen, sondern dynamischen Denkens in Begriffen der Geschwindigkeit und Richtung, in Begriffen der augenblicklichen Position und des quantitativen Resultats; sie lässt uns nicht nur die Herkunft begreifen und zeigt uns nicht nur die biologischen Wurzeln der menschlichen Werte, sondern erlaubt es, in der Menge der offensichtlich neutralen Naturphänomene für diese Werte gewisse externe Grundlagen und Kriterien zu finden». Hiervon ausgehend wird die Bedeutung einer Organisationseinheit ‹Philosophie› im UNESCO-Sekretariat und die Eigenart ihrer Aufgabe verständlich. Es sollte darum gehen, philosophische Studien und die Erforschung eines neuen Systems der Moral anzuregen, das sich mit dem modernen Wissen und mit der neuen der Ethik zugeschriebenen Funktion in Übereinstimmung wissen könne;

noch grundlegender: Es ging um eine Welt-Philosophie, *um die Grundlage eines vereinheitlichten und vereinheitlichenden Denkens, das der modernen Welt entspräche.*

Huxley erhob also den Anspruch, die UNESCO auf eine Theorie menschlichen Fortschritts zu verpflichten. Die Organisation sollte einem philosophischen System entsprechen. Es ist bekannt, dass Huxley angesichts der von allen Seiten erhobenen Gegenstimmen letztlich sein philosophisches Manifest *L'UNESCO, ses buts et sa philosophie*[19] als persönlichen Beitrag zur Pariser Generalkonferenz veröffentlichen musste und nicht in seiner Funktion als Generaldirektor.

Der Beitrag des ‹esprit français› zur neuen Organisation

Ein Jahr später bot die Eröffnung der ersten Plenarsitzung der zweiten Generalkonferenz der UNESCO in Mexiko-Stadt am Donnerstag, dem 6. November 1947, Jacques Maritain, dem Präsidenten der französischen Delegation, die Gelegenheit, auf die Philosophie zurückzukommen und eine originäre Position zu entwickeln.[20] Maritain, ein katholischer Philosoph, war bekannt für seine Nähe zum Thomismus, seine scharfe Kritik an den *Irrtümern des liberalen Humanismus* und seinen Kampf für einen *integralen Humanismus*. In einem Vortrag *Le crépuscule de la civilisation* (Die Zivilisations-Dämmerung), den er kurz vor dem Zweiten Weltkrieg gehalten hatte, hatte er ausgeführt, die Rettung der westlichen Demokratien vor der Bedrohung des Totalitarismus sei nur auf dem Wege der Wiederentdeckung von deren Lebensprinzip möglich, d.h. der Gerechtigkeit und der Liebe – und beide seien göttlichen Ursprungs. Die Frage sei, *ob die Völker der noch freien Länder fähig seien, in den Bahnen der Freiheit und des Geistes eine hinreichende moralische Einmütigkeit zu erreichen und gegen die sie im Inneren bedrohenden Zerrüttungen Widerstand zu leisten.* Etwa zehn Jahre später plädierte er, der sich doch für eine Rückkehr zur Orthodoxie stark gemacht hatte, nicht nur gegen Huxleys evolutionistischen Humanismus, sondern auch – für ihn geradezu ein Paradox – für die Ablehnung jeglichen doktrinalen Engagements

---

[19] *L'UNESCO, ses buts et sa philosophie* (Die UNESCO, ihre Ziele und ihre Philosophie), London, 1946.
[20] *Conférence générale de Mexico, 1947*, UNESCO-Archiv.

der Organisation. Man könnte die logische Kohärenz dieser Position mit Blick auf sein philosophisches System aufzeigen. Zu erklären wäre auch, warum Frankreich diesen neothomistischen Philosophen zu seinem Repräsentanten bestimmte. Doch die hier gewählte Perspektive einer aufs Engste miteinander verkoppelten philosophischen und politischen Geschichte der UNESCO verlangt eher danach, sich Maritains Argumentation im umkämpften Feld der Gründung der neuen Organisation zuzuwenden.

Er führte sein Vorhaben ein, indem er sich in zweifacher Hinsicht auf die Rede Léon Blums am 1. November 1945 anlässlich der konstituierenden Konferenz der UNESCO in London bezog. Blum, auch er ein französischer Philosoph und zugleich eine emblematische Gestalt der Volksfront von 1936, hatte daran erinnert, Frankreich habe seit der Konferenz in San Francisco im Jahre 1945[21] die Position stark gemacht, dass das wechselseitige Verständnis und die wechselseite Kenntnis die Grundlage eines gerechten und dauerhaften Friedens zwischen den Nationen sei; auch sei der Vorschlag, Paris zum Sitz der neuen Organisation zu wählen, durch die schon immer der französischen Kultur zugeschriebene Tendenz zur Universalität gerechtfertigt gewesen, also durch die säkulare Tradition der Großzügigkeit und Freiheit im Denken und die durch sie bewirkte Verbindung zwischen allen Bereichen der menschlichen Zivilisation. Besser könne man, so Maritain, den Beitrag des *esprit français* zur gemeinsamen Arbeit einer Organisation nicht charakterisieren, in der *alle Kulturen und Zivilisationen mit der ihnen eigenen geistigen Prägung – sei es aus der lateinischen Welt oder der angloamerikanischen Welt, sei es aus der Welt des Mittleren oder des Fernen Ostens – ihren Anteil haben* und experimentelle Forschung und die Arbeit an begründenden Prinzipien sich wechselseitig ergänzen müssen.

Maritain entfaltete nun die Thematik, für die er auch in seiner Philosophie kämpfte: Mehr denn je müssten sich die Völker davor hüten, in Kriegs-Fatalismus, Resignation und Passivität zu verfallen. Und er appellierte an die Menschen, ihr Gewissen wachzurütteln und tatsächlich am

---

[21] *United Nations Conference on International Organization*, 25. April bis 26. Juni 1945. Die Konferenz erarbeitete die am 26. Juni 1945 von 50 Staaten unterzeichnete Charta der Vereinten Nationen. Anm. d. Übers.

Frieden zu arbeiten. Geschickt stützte er sich auf die Äußerungen Archibald MacLeishs während der zweiten Sitzung des Exekutivrats: Man habe die UNESCO nicht gegründet, um über den theoretischen Fortschritt von Bildung und Erziehung zu wachen, sondern um diese bei der konkreten, positiven Arbeit für den Frieden zwischen den Völkern einzusetzen. Zweck und Ziel der Organisation seien folglich nicht *theoretischer*, sondern *praktischer* Natur.

Von der babylonischen Verwirrung des spekulativen Denkens zum gemeinsamen praktischen Denken

Angesichts dieser Zielsetzung stellte sich vorab ein Problem: Wenn die Idee einer supranationalen Völkerorganisation zwingend und doch praktisch in dem geschichtlichen Augenblick kaum zu verwirklichen war, in dem die Staaten nicht bereit waren, ihre Souveränität aufzugeben, dann konnte diese Idee nur durch die Kraft des menschlichen Gewissens und des Wollens der Völker in die Tat umgesetzt werden. Um auf diesem Wege Fortschritte zu erzielen, mussten unter den Umständen der Nachkriegszeit mehrere entscheidende Probleme mit Klarheit angegangen werden: Man musste gegen den Machiavellismus und die «Realpolitik» ankämpfen, denn die Maxime, die Politik habe gegenüber Gut und Böse indifferent zu sein, war ein mörderischer Irrtum. Man musste ferner Erwartungen und Hoffnungen auf das zu Reue mahnende Gewissen eines Volkes wecken, das – wie Nazideutschland – durch den dafür verantwortlichen Staat und dessen Führer kollektiv moralisch schuldig geworden war. Man musste schließlich bei Anbruch des Atomzeitalters und angesichts der durch Wissenschaft und Technik verursachten Zerstörungen und Nöte die Würde der Wissenschaft und der Wissenschaftler durch die Erneuerung der Disziplinen der Weisheit retten, und zwar durch ihre Wiedereingliederung in eine Kultur ethischer Wahrheiten und die Versöhnung von Wissenschaft und Weisheit.

Welche Art von Übereinkunft des Denkens konnte unter den Menschen verwirklicht werden, um diese Probleme zu lösen und die praktische Zielsetzung der UNESCO zu realisieren? *Eine Übereinkunft über spekulatives Denken?* Hiervon konnte nicht die Rede sein. Denn niemals zuvor waren die Geister so voneinander geschieden, hatte doch die Partikularisierung des Wissens eine babylonische Verwirrung des modernen Denkens bewirkt: Es gab keine gemeinsame Sprache mehr. Für Maritain konnte die UNESCO weder eine Übereinkunft im Denken unter den von ihr versammelten, ganz unterschiedlichen Menschen ins Auge fassen, noch darauf verzichten, auf einem gemeinschaftlichen Denken und auf allen gemeinsamen Prinzpien zu bestehen; sie konnte sich weder auf rein empirische Aufgaben beschränken, noch einen künstlichen Konformismus erzwingen, d.h. *ein Bezeichnungs- und Bedeutungssystem für alle*, das tendenziell die Unterschiede zum Verschwinden bringen würde.

Ein Einvernehmen der Geister war also weder spontan über ein *alle verbindendes spekulatives Denken* zu erzielen – es musste vielmehr um ein gemeinsames praktisches Denken gehen –, und auch nicht über ein und dasselbe Verständnis der Welt, des Menschen und des Erkennens, sondern über die *Bekräftigung einer das Handeln anleitenden Gesamtheit von Überzeugungen*. Maritain sagte: «Dies ist zweifellos wenig, doch es ist *der letzte für einen Zusammenklang der Geister verbleibende Spielraum*. Es reicht hin, um ein großes Werk zu beginnen, und es wäre schon viel, sich dieser Gesamtheit gemeinsamer praktischer Überzeugungen bewusst zu werden.» Notwendig war deshalb Folgendes: Die miteinander unverträglichen rationalen, der Ordnung von Philosophien oder religiösem Glauben gehorchenden Rechtfertigungen mussten von den praktischen Schlussfolgerungen abgekoppelt werden, die – wie unterschiedlich auch immer für den Einzelnen begründet – für alle einigermaßen gemeinsame Handlungsprinzipien darstellten: der Glaube an die Menschenrechte und die Ideale der Freiheit, der Gleichheit und der Brüderlichkeit. Das Theorem, das Maritains Kampf begründete, könnte so umschrieben werden: Es gibt keine Philosophie der UNESCO; was es gibt, ist eine gemeinsame, auf das praktische Handeln beschränkte Weltsicht.

Und genau diese kam in der Präambel der UNESCO-Verfassung zum Ausdruck; sie sollte auch in der Allgemeinen Erklärung der Menschenrechte ihren Niederschlag finden, mit deren Ausarbeitung die Vereinten Nationen zur gleichen Zeit befasst waren. Die UNESCO trug hierzu mit der Veröffentlichung einer Untersuchung zu den philosophischen Problemen bei, die mit den Menschenrechten aufgeworfen waren.[22] In dieser Publikation waren Beiträge Gandhis, Teilhard de Chardins, Aldous Hux-

---

[22] *Autour de la nouvelle Déclaration des Droits de l'Homme*, Paris 1949.

leys, Salvador de Madariagas und zahlreicher anderer, aus vielen philosophischen Traditionen stammender Denker versammelt; die Einleitung war von Jacques Maritain verfasst.

IV

Die Frage der Menschenrechte

Als die UNO sofort nach dem Zweiten Weltkrieg ihren Wirtschafts- und Sozialrat beauftragte, eine internationale Menschenrechtserklärung zu erarbeiten, unternahm es die UNESCO, Philosophen zur Interpretation und Rechtfertigung dieser Rechte zu konsultieren, die die Gesellschaft verpflichteten, sie gegenüber Jedermann zu achten, und deren Erweiterung anzustreben sei. Die Untersuchung der UNESCO zu den philosophischen Grundlagen der Menschenrechte hatte eine klare Problemstellung: *Die menschliche Welt durchlebt in ihrer politischen, ökonomischen und sozialen Entwicklung eine Krisenperiode. Wenn sie Fortschritte in ihrer Einheit machen soll, muss sie einen gemeinsamen Kern an Ideen und Prinzipien festlegen. Die Antwort auf diese Herausforderung besteht u.a. in der gemeinsamen Ausarbeitung der Menschenrechte.* Diese Formulierung sollte die damals existierenden unterschiedlichen bzw. gegensätzlichen Ansichten versöhnen; sie sollte hinreichend präzise sein, das Denken zu inspirieren und das Handeln anzuleiten, und zugleich hinreichend allgemein, um für alle Menschen gelten zu können; sie sollte ferner in dem Maße flexibel sein, dass sie zu Völkern mit unterschiedlichem politischen und sozialen Entwicklungsniveau passte. Die Schlussfolgerungen aus dieser Untersuchung wurden im Juli 1947 unter dem Titel *Pour une nouvelle déclaration des droits de l'homme* (Für eine neue Menschenrechtserklärung) von einem Expertenkomitee unter Leitung von Edward H. Carr verfasst; ihm gehörten Richard O. McKeon, Pierre Auger, Georges Friedmann, Harold J. Laski, Chun-Shu und Loc Somerhausen an. Die wichtigsten Beiträge der Philosophen bildeten die Grundlage für ein 1949 veröffentlichtes Buch mit einer Einleitung Jacques Maritains.

Die nicht erreichbare theoretische Übereinstimmung und die notwendige Konfrontation der Ideen

Angesichts des umkämpften Feldes der Interpretationen und der äußerst unterschiedlichen oder gar grundlegend gegensätzlichen theoretischen Verständnisse der Menschenrechte sah sich Maritain mit einer Paradoxie konrontiert: Derartige Interpretationen sind unverzichtbar, haben aber nicht die Kraft, einen Einklang der Denkweisen herbeizuführen.[23] Für den Philosophen bewahrheitete sich an diesem Beispiel das, was er anlässlich der zweiten Sitzung der Generalkonferenz der UNESCO beschrieben hatte: Über eine solche Erklärung ist eine praktische Übereinkunft möglich; eine theoretische Übereinstimmung zwischen den Denkweisen ist unmöglich. Eine eher pragmatische als theoretische Annäherung an die Probleme und die kollektive Arbeit des Vergleichs von Positionen, der Überarbeitung und Neufassung von Übereinkünften über eine gewisse Anzahl von Handlungsprinzipien und Verhaltensregeln sind möglich und können in einer gemeinsamen Erklärung gipfeln. Mehr ist vernünftigerweise nicht zu erhoffen. Denn eine theoretische Einigung und eine im eigentlichen Sinne philosophische Synthese würde letztlich nichts anderes als eine neue Doktrin unter anderen bedeuten, und sie wäre nicht geeigneter als andere, die Zustimmung aller zu erreichen.

Warum sollte man in dieser Perspektive den Weg des Konflikts der theoretischen Systeme gehen und den Umweg über die Philosophie meiden? Maritain antwortete, dass die Darlegung rationaler Interpretationen und Begründungen unverzichtbar sei, weil jeder von uns instinktiv an seine Wahrheit glaubt und nur dem beipflichten will, was er selbst als wahr und vernünftig begründet anerkannt hat.

Die aus dieser Untersuchung zu ziehende Lehre besteht Maritain zufolge darin, dass es einen Grundgedanken der Ethik gibt, der den Moralphiloso-

---

[23] Vgl. Jacques Maritain: Sur la philosophie des droits de l'homme, in: *Autour de la nouvelle Déclaration des Droits de l'Homme*, Paris1949, wieder abgedruckt in: *Célébration du centenaire de la naissance de Jacques Maritain (1882-1965)*, UNESCO 1982.
Vgl. ders.: *Les Droits de l'Homme et la Loi naturelle*, New York 1942; dt. Übers.: Die Menschenrechte und das natürliche Gesetz, Bonn 1951. Anm. d. Übers.

phien vorausgeht, diese kontrolliert und selbst eine komplizierte Art Geologie des Gewissens offenbart. Hierin ist die natürliche Arbeit der spontanen, vorwissenschaftlichen und vorphilosophischen Vernunft jederzeit vom sozialen Zugewinn und von Abhängigkeiten, von Struktur und Entwicklung der Gesellschaft bedingt – eine moralische Wahrnehmung der spontanen Vernunft und eine authentische moralische Erfahrung, die einer anderen Logik folgt als jener der Systeme, die freilich mit ihr in Wechselbeziehung treten bzw. ihr widersprechen kann.

Darüber hinaus erlauben die Kenntnis der bedeutenden Strömungen des gegenwärtigen Denkens und die Konfrontation unserer Ideen mit denen anderer, unsere eigenen Sichtweisen bezüglich der Natur und der Grundlagen der Menschenrechte und der im historischen Augenblick, in dem wir sie betrachten, notwendigen Bemühungen um ihre weitere Entwicklung sowie hinsichtlich der Lücken der in den Gremien der Vereinten Nationen erarbeiteten Allgemeinen Erklärung zu erweitern.

Über das ‹natürliche Gesetz› und die historische Entwicklung der Gesellschaft – zwei miteinander nicht vereinbare Grundlagen der Menschenrechte

In der hier betrachteten Zeit stehen sich die philosophischen Systeme in zwei entgegengesetzen Positionen gegenüber: Es gibt einerseits diejenigen, die explizit oder implizit die Existenz eines ‹natürlichen Gesetzes› (eines Naturrechts) behaupten und in den Menschen eine Instanz unveräußerlicher Grundrechte projizieren, die der Gesellschaft vorausgehen und ihr übergeordnet sind; auf der anderen Seite stehen diejenigen, die der Auffassung sind, es sei einzig und allein die geschichtliche Entwicklung der Gesellschaft, die es dem Menschen ermögliche, Rechte zu erwerben; diese Rechte seien nicht unveränderbar, sondern das Ergebnis des historischen Fortschritts. Der Gegensatz dieser beiden Positionen ist aus theoretischer Sicht unauflösbar.

Versetzt man sich aber in eine praktische Perspektive, so tritt der Dogmatismus der Schulen zugunsten der Lehren der Erfahrung, der Geschichte und eines praktischen Bewusstsein in den Hintergrund, welches die Aufgabe von *Denkströmungen* statt in der Erforschung der Grundlagen und der philosophischen Bedeutung der Menschenrechte in deren Bekräftigung und Erweiterung sieht. Ist so ein Einvernehmen über die Rechte ermöglicht, verlagert sich das Problem auf den Anspruch auf ihre Umsetzung. *Hier geht es nicht mehr bloß um eine einfache zahlenmäßige Erweiterung der Menschenrechte, sondern um das Prinzip eines dynamischen Zusammenwirkens im Hinblick auf ihre Verwirklichung. Es geht um die richtige Tonart und um die richtigen Notenschlüssel, mit denen auf derselben Klaviatur verschiedene Musiken gespielt werden – mit der Menschenwürde in Übereinstimmung oder diese verletzend.* Unklar ist selbst die Werteskala für die Umsetzung und konkrete Organisation der verschiedenen Rechte; von einem Einvernehmen selbst darüber sind die Völker noch weit entfernt.

Die geistigen Voraussetzungen einer politischen Organisation der Welt in Fortschritt und Frieden

Im April 1966 sollte Maritain auf das regulative Ideal einer auf freie Zustimmung und freie Kooperation der Nationen und Völker gestützten politischen Organisation der Welt zurückkommen:[24] Auch wenn dies im gegenwärtigen Zustand der Welt als Utopie erscheint, so besteht die Aufgabe doch darin, bereits heute auf die *noch ferne Herstellung* dieser Gesellschaft hinzuarbeiten; es bedarf dauerhafter Anstrengung, der Vernunft und dem rechten Willen den Weg zu bahnen, um die in Frage stehende Utopie am Ende in ein realisierbares Ideal zu verwandeln: Man muss auf die Idee bzw. das Idol der Souveränität des Staates, dieses von Jean Bodin im 16. Jahrhundert verteidigten ‹sterblichen Gottes› (Hobbes), verzichten und bei allen denkenden Menschen – ob Herrschern oder Beherrschten – die Idee einer realen, immer gegenwärtigen und im Grunde des Herzens wirkenden Sorge um das Gemeinwohl der Menschheit wachrufen. Man kann mit guten Gründen diese Reflexionen über die spirituellen Voraussetzungen des Fortschritts und des Friedens als die eines christlichen und neothomistischen Philosophen ansehen. Man kann in ihnen zugleich eine historische Quelle des philosophischen Programms der UNESCO erkennen.

[24] Vgl. Jacques Maritain: Les conditions spirituelles du progrès et de la paix. In: *Rencontres des cultures à l'UNESCO sous le signe du Concile oecuménique Vatican II*, Paris 1966. Auch in: Jacques et Raïssa Maritain, *Œuvres Complètes*, Vol. XIII: 1968-1973, Fribourg/Paris 1992.

Roger Caillois
© UNESCO / Dominique Roger

V

Die Zeitschrift *Diogène,* geistiger Kompass und Querschnitt der Geisteswissenschaften

Als Roger Caillois – ein 34jähriger Schriftsteller, Absolvent der *Ecole Normale Supérieure* mit einer Lehramtsbefähigung für Grammatik – Mitarbeiter der UNESCO wurde, hatte er bereits Bekanntschaft mit dem Surrealismus gemacht und mit Bataille und Leiris das *Collège de sociologie* ins Leben gerufen. Er hatte sich gezwungenermaßen in Argentinien aufgehalten, wo ihn der Zweite Weltkrieg überrascht hatte. Auch die lateinamerikanische Literatur hatte ihre Wirkung auf ihn ausgeübt.

Von Argentinien zur UNESCO

In Buenos Aires arbeitete er mit der von seiner Freundin Victoria Ocampo geleiteten Zeitschrift SUR zusammen und gründete die *Lettres françaises*; deren Korrespondenten waren alle Mitstreiter des ‹Freien Frankreich›: Jacques Maritain, Georges Bernanos, Aldous Huxley, Raymond Aron und Jules Supervielle[25]; bei seiner Heimkehr träumte er davon, beim Verlag Gallimard eine ibero-amerikanische Buchreihe herauszugeben, die dann unter dem Titel *La Croix du Sud* (Das Kreuz des Südens) berühmt werden sollte. Sicherlich dank Jean Thomas, eines Absolventen der *Ecole Normale Supérieure* und Widerstandskämpfers und nun Direktors der UNESCO-Abteilung für kulturelle Angelegenheiten[26], aber auch dank seiner Beziehungen zu Victoria Ocampo und zum Minister Georges Bidault, wurde er im Juli 1948 im *Bureau des idées* der UNESCO angestellt; es gehörte zu deren damaliger Projekt-Abteilung und residierte in den Räumen des Hotel Majestic. Hier traf er Philippe Soupault wieder, einen surrealistischen Dichter. Seine Aufgabe bestand zunächst darin, an der Ausarbeitung der neuen Menschenrechtserklärung mitzuwirken. Die

---

[25] Vgl. Olga Felgine: *Roger Caillois*, Paris 1994; Ricardo Paseyro: *Jules Supervielle, le forçat volontaire*, Paris ²2002.
[26] *Dossiers Jean Thomas et Roger Caillois*, UNESCO-Archiv.

Schriftstellerei gab er gleichwohl nicht auf; er veröffentlichte *Babel* und übersetzte *Voix* von Antonio Porcha; auch gehörte er weiterhin zu philosophischen und literarischen Zirkeln und nahm in Cerisy-la-Salle an einer ‹Dekade über die Revolte› teil. Hier fragte er: «Hat nicht jeglicher moralische, rechtliche und vielleicht auch materielle Fortschritt seinen Ursprung in einem Gefühl der Revolte, d.h. im Willen, gegen das nicht Hinnehmbare zu kämpfen?» Er reiste nach Syrien, in den Libanon und nach Ägypten; in Beirut fand die Generalkonferenz der UNESCO statt. 1949 wechselte er in die Presseabteilung der Organisation, gab in der *Bibliothèque de la Pléiade* die *Œuvres Complètes de Montesquieu* heraus und veröffentlichte u.a. in der Zeitschrift SUR einen Artikel über die Menschenrechte. Was war zum Zeitpunkt der Gründung der UNESCO ein Funktionär mit internationalen Aufgaben? Caillois war wohl eine der möglichen Antworten auf diese Frage: Er verkörperte eine der möglichen Gestalten dieser konzeptionell denkenden und arbeitenden Persönlichkeit, für die die Rationalität des Sinns niemals der technischen Rationalität der Institution weichen durfte.

Der Conseil International de la Philosophie et des Sciences Humaines (CIPSH)

1949 wurde auf Initiative von Experten aller Nationalitäten und verschiedener Wissenschaften der *Conseil International de la Philosophie et des Sciences Humaines* geschaffen. Der zweite UNESCO-Generaldirektor, Jaime Torrès Bodet, wandte sich einige Monate später in Paris mit folgenden Worten an das Ständige Komitee dieser Nicht-Regierungsorganisation (NGO), die sich als geistiger Erbe des *Institut International de la Coopération Intellectuelle* verstand: «Die UNESCO könnte nur um den Preis, in Widerspruch mit sich selbst zu geraten, von Wissenschaftlern wie Ihnen fertige Problemlösungen erbitten, sozusagen humanistische *Techniken*. Sie könnte Sie auch nicht dazu auffordern, sich als Forscher und Gebildete zugunsten welcher Vulgarisierung auch immer zu verleugnen, durch die Ihr Wert verloren ginge. In Zusammenarbeit mit Ihnen will die UNESCO auf höchstmöglichem Niveau und in gemeinsamen Aktivitäten zu einem Geist der Verständigung beitragen, der auf das Jedermann-Bewusstsein ausstrahlt und so gemäß dem Wesen

Ihrer Disziplinen zur Entstehung einer brüderlichen Allianz der Geister beiträgt.»[27]

Diese NGO konnte Fragen unbefangen aus Sicht der Philosophie erörtern, auch wenn sie Gegenstand ideologischer und politischer Kontroversen waren; sie konnte sich darüber hinaus auch mit den im engeren Sinne akademischen Aspekten des philosophischen Programms der UNESCO befassen: mit Kongressen, Bibliografien und dem *Institut International de la Philosophie*. Die Anzahl der in mehrere Sprachen übersetzen Publikationen des CIPSH und deren Qualität waren schon bald beachtlich; dem Rat gelang es aber nicht, eine Zeitschrift zu gründen – ein Ideal, das im ersten Anlauf als «äußerst schwer so zu verwirklichen schien, dass es alle befriedigt hätte»; zunächst bestand daher die Absicht, eine Verbindung mit der belgischen Bildungszeitschrift *Erasmus* einzugehen.

Roger Caillois schlug daraufhin der CIPSH-Versammlung im Februar 1952 mit Unterstützung von Jean Thomas vier strategische Ziele für eine Zeitschrift vor: die Wissenschaften zu verteidigen, an der Spitze der Disziplinen zu stehen und zugleich für den gesunden Menschenverstand zugänglich zu sein, die Disziplinen zu bilanzieren und Rezensionen zu jüngst erschienenen Büchern zu veröffentlichen.[28] Prof. McKeon von der University of Chicago schlug – weniger aufgrund des gleichnamigen Philosophen Diogenes als wegen dessen bekannter Such-Laterne und wegen der Übersetzbarkeit des Namens – den Titel *Diogène* vor.[29] Roger Caillois war – assistiert von Jean d'Ormesson – bis zu seinem Tod im Jahre 1978 ihr Chefredakteur. Er teilte allerdings seine Zeit auf zwischen der Zeitschrift und der Herausgabe repräsentativer Werke der UNESCO.

---

[27] *Rede von Dr. Torres-Bodet bei dem Treffen des CIPSH, Paris, 3. Mai 1949*, UNESCO-Archiv.

[28] Unterredung Olga Felgines mit Jean d'Ormesson, Juni 1992, in: Olga Felgine: *Roger Caillois*, Paris 1994, S. 313, Anm. 1.

[29] Vgl. Alexandre Pajon: *A la recherche d'une revue: Caillois et Diogène*, in: *Diogène*, H. 160, Oktober-November 1992.

‹Querschnitt› als authentischer und militanter Ausdruck der im CIPSH föderierten Wissenschaftler

Roger Caillois, den André Breton – Leser Charles Fouriers, des Erfinders des *sozialen Kompasses* der Attraktion durch Leidenschaften – völlig zu Recht als *geistigen Kompass* qualifiziert hatte, war von der Überlegenheit einer schlichten Architektur überzeugt, die zu entdecken er die Wissenschaften einlud, und zwar in Überwindung ihrer Spezialisierungen und indem sie sich zu «Diagonalen», zu Querschnittswissenschaften wandelten.[30] Diese Beobachtung zur Arbeit von Roger Caillois erlauben ein Verständnis der Herausgeberentscheidungen zu *Diogène*.

Karikatur von Roger Caillois

In einem an *Monsieur le Professeur* adressierten Brief antwortete Caillois im vierten Heft der Zeitschrift auf gegen ihn gerichtete Einwände: Die Zeitschrift richte sich an eine vielfältige interdisziplinäre, ja eher noch transdisziplinäre Öffentlichkeit. Sie habe deshalb nicht die Aufgabe, *Studien zu zugespitzten Themen* und Arbeiten übermäßiger Gelehrsamkeit zu

[30] Vgl. Vital Rambaud: Artikel «Caillois», in: *Encyclopædia Universalis*.

veröffentlichen. Sie müsse auch die Klippe schlechter Popularisierung umschiffen und dürfe keine offenen Wissens-Probleme kaschieren. Die Zeitschrift wolle *eine offene Landkarte vieler Disziplinen* und zugleich der verschiedenen Kulturen sein, deren Urheber zu sein der Mensch stolz sein könne[31]; mit anderen Worten: ihr Ziel sei Universalität. Dieses Thema sollte Caillois häufig wieder aufgreifen: «In einer Welt, die sich täglich enger zusammenschließt, kann ein kultivierter Mensch sich nicht mehr damit zufrieden geben, nur die Geschichte und das Erbe seiner eigenen Zivilisation zu kennen. [...] Jeder ist es sich heute schuldig, auch die Kulturen der anderen Seite der Erde zu kennen.» Dies ist die regulative Idee eines im Weltmaßstab erneuerten Humanismus; er entspricht den Idealen, die von der UNESCO-Verfassung propagiert und von den im CIPSH versammelten Wissenschaftlern geteilt wurden. So könnte man auch die reichhaltige Sammlung der seit nunmehr fünfzig Jahren[32] in *Diogène* veröffentlichten Hefte[33] lesen und sich erneut fragen, was die Zeitschrift der Methode Caillois' verdankt. Octavio Paz beschreibt sie als eine Methode, die ihn *von Investigation zu Investigation und von Deduktion zu Deduktion hin zu lichtdurchlässigen Bauten konzeptueller Bilder führte. Freude und Taumel der Vernunft.*[34] Caillois' Frage war die nach dem *Ort des Menschen in dieser Welt des Widerhalls und Echos, in dem die Stille Teil der universellen Übereinstimmung ist.*

---

[31] Vgl. Roger Caillois: Lettre du rédacteur en chef sur le rôle de *Diogène* et les conditions d'un humanisme rénové, in: *Diogène*, H. 4, 1953.
[32] Die Zeitschrift erschien 2010 im 57. Jahrgang. Anm. d. Übers.
[33] Vgl. die zum fünfzigsten Gründungstag des CIPSH mit einem Vorwort von J. Bingen im November 1998 veröffentliche Anthologie der Zeitschrift *Diogène*. Nach Roger Caillois war Jean d'Ormesson Chefredakteur, nach ihm Paola Costa.
[34] Vgl. Octavio Paz: Les pierres lisibles, in: *Le Monde*, 14. Mai 1951. Vgl. auch Jean d'Ormessson: Eloge du pommier, in: *Diogène*, H. 60, Oktober-Dezember 1992, sowie *Cahiers de Chronos,* éditions La Différence, 1991.

Jean-Paul Sartre und René Maheu beim Kierkegaard-Kolloquium 1964
© UNESCO / Bablin

VI

‹Uneskisch› – der Stil und die Sprache der UNESCO

René Maheu ist die Entscheidung zu verdanken, in der UNESCO eine Philosophie-Abteilung zu eröffnen und zum 1. April 1966 Jeanne Hersch, Professorin für Philosophie an der Universität Genf, zur Direktorin zu ernennen; sie hatte der Delegation ihres Landes bei der zwölften (1962) und dreizehnten (1964) Sitzung der Generalkonferenz angehört.[35]

René Maheu, seit 1962 Generaldirektor der UNESCO, hat Gedenkanlässe zu nutzen gewusst, um die Philosophie aufzuwerten; dies bezeugt seine Eröffnungsrede beim bedeutenden Kolloquium zur Aktualität Kierkegaards (*Kierkegaard vivant*), das von der UNESCO vom 21. bis 23. April 1964 veranstaltet wurde und Jean-Paul Sartre, Gabriel Marcel, Lucien Goldmann, Martin Heidegger, Enzo Paci, Karl Jaspers, Jean Wahl und Niels Thulrup zusammenführte: «Das Werk Kierkegaards», führte er aus, «veranlasst uns alle zur Zurückweisung des bloß Gefälligen, der hohlen Worte und Abstraktionen, die Erklärungen vorgaukeln, ohne sich auf bestimmte konkrete Erfahrungen zu beziehen. Und deshalb weigert sich die UNESCO, irgendeine Ideologie zu begünstigen; sie will im weitesten Sinne nur ein Ort der Konfrontation sein; sie ist es sich schuldig, sich an der Ehrung dessen zu beteiligen, dessen Spuren sich an fast allen Orten findet, an denen das moderne Denken seine Identität zu entdecken sucht».[36]

Maheu hatte für die Philosophie-Abteilung ein kühnes, ehrgeiziges Ziel: Er wünschte, sie könne die vielfältigen unterschiedlichen Aktivitäten der UNESCO stimulieren, bündeln und besser an die in der Verfassung der UNESCO definierten Zielsetzungen zurückbinden – den Frieden und die Menschenrechte. Diese Kühnheit bedeutete einen Bruch mit der bisher geübten Zurückhaltung, die dazu geführt hatte, die Philosophie einer unabhängigen Nicht-Regierungsorganisation anzuvertrauen, und zwar dem

---

[35] *ODG/DG/ mémo 25178*, UNESCO-Archiv.
[36] *Allocution de René Maheu*, in: *Kierkegaard vivant*, Paris 1966, S. 14.

Conseil International de la Philosophie et des Sciences Humaines.[37] Man hatte dies getan, weil man befürchtetet hatte, die Klärung der großen zeitgenössischen Probleme, wie sie von manchen in der Generalkonferenz bzw. im Exekutivrat erwartet worden war, könnte in folgenschwere Konfrontationen der Denker, Erzieher und Wissenschaftler, in Verwirrung und Propaganda münden.[38]

Eine philosophische Haltung wird vom UNESCO-Stil auf die Probe gestellt

Jeanne Hersch hat die Anekdote ihrer Ernennung so erzählt: ein Anruf aus dem Schweizer Bundeshaus, dem *Palais Fédéral*; die Verlockung eines anderen Lebens als das des Lehrens an der Universität; aber auch die Vorsichtsmaßnahme, eine zweijährige Beurlaubung zu beantragen, um die Verbindung zur Universität zu wahren, denn sie wollte nicht auf Dauer von der UNESCO abhängen und um keinen Preis Sklavin eines Gehalts in Dollar oder gewisser Privilegien werden.[39] Der UNESCO-Generaldirektor war aus ihrer Sicht eine bemerkenswert intelligente Persönlichkeit, die alle Bereiche dieser riesigen Maschinerie gedanklich und mit Verstand durchdrang und die UNESCO im Hinblick auf ihre Zielsetzungen erfolgreich belebte. Sie übermittelte ihm zwei Zusätze zu jenem Programm, das er bereits für die Philosophie-Abteilung ausgearbeitet hatte: einen zur Notwendigkeit, sich mit Wissenschaft und Technik auseinanderzusetzen, und den zweiten zur Zweckmäßigkeit der Organisation eines Kolloquiums über ‹die Zeit› in den verschiedenen Kulturen. Sie sagte zu Maheu: «Ich bedaure es sehr, aber ich habe diese Paragrafen auf Französisch geschrieben; ich konnte sie nicht im UNESCO-Stil schreiben.» René Maheu rief dann jemanden zu sich und sagte ihm: «Übertragen Sie dies *in Uneskisch*.»[40] Als Jeanne Hersch dies zwanzig Jahre später in Erinnerung rief, kommentierte sie: «Es gibt einen *UNESCO-Stil*. Ich muss sagen, dass ich viel Kummer damit gehabt habe, die Zweideutigkeit, die fehlende Klarheit, den unklaren, parasitären Charakter des bei der

---

[37] Siehe Kapitel V; Anm. d. Übers.
[38] Vgl. Jean Thomas: *UNESCO*, Paris 1962.
[39] Vgl. Jeanne Hersch: *Éclairer l'obscur. Entretien avec Gabriel et Alfred Dufour*, Lausanne 1986.
[40] Im Französischen: «*en style unesquien*». Anm. d. Übers.

UNESCO verwendeten Vokabulars zu ertragen. Schließlich habe ich aber verstanden, dass es ohne ‹Uneskisch› keine UNESCO gäbe. Es ist zweifellos unvermeidbar, dass die Sprache angesichts des aktuellen Weltzustands ‹verpackt› ist. Gäbe es nicht diesen Nebel um die Ideen, könnte die UNESCO in der Welt, wie sie ist – zerstritten bis in den Grund aller ihrer Ziele –, nicht überdauern».

Jeanne Hersch
© UNESCO

Sinnsuche in einer sinnlosen Welt

Jeanne Hersch hatte einen eigentümlichen Lebenslauf, bevor sie ihre neue Aufgabe übernahm. Ihre Mutter war in Warschau geboren und ihr Vater in Litauen; 1904-1905 waren sie in die Schweiz emigiert, um ihre Studien fortzusetzen. Der Vater unterrichtete Statistik und Demografie an der Universität Genf und war Mitglied im *Bund*, der sozialistischen Partei, die im Kreise der jüdischen Bevölkerung aus Polen und Russland diejenigen um sich scharte, die sich nach sozialer Gerechtigkeit, demokratischer Freiheit und internationaler Solidarität sehnten; die Mutter sollte achtzehn Jahre lang als Ärztin in der Abteilung Abrüstung des Völkerbunds tätig sein.

Jeanne Hersch hatte in Heidelberg Karl Jaspers' Hegel-Vorlesungen und 1933 die Vorlesungen Heideggers in Freiburg im Breisgau gehört. Nach einer Examensarbeit über Bergson verfasste sie 1936 ihr Buch *L'illusion philosophique,* zu dessen deutscher Ausgabe[41] Jaspers das Vorwort schrieb. Sie wurde Schriftführerin der *Freunde des republikanischen Spaniens* und nahm auch an Hilfsaktionen für Menschen teil, die vor dem Nationalsozialismus flüchteten. 1942 veröffentlichte sie ihren Roman *Temps alternés*[42] und 1946 als weiteres philosophisches Werk *L'être et la forme* (Das Sein und die Form). Hier verteidigte sie die Idee der Freiheit als Bedingung der Möglichkeit, Wahrheit zu verteidigen; sie beschrieb die *condition humaine* als die Herausforderung des Menschen, *zum Sein* berufen zu sein. Sie widmete das Buch «Meinem Lehrer K. Jaspers, der mir die Kenntnis des ‹existenzialistischen› Denkens vermittelte, das so benannt ist, weil es die Existenz aufruft, unter den Bedingungen begrenzten Wissens die Transzendenz zu suchen». Anschließend übersetzte sie mehrere Werke von Karl Jaspers und Czeslav Milosz. Mit dreiundzwanzig Jahren begann sie ihre berufliche Laufbahn als Lehrerin für Deutsch, Französisch und Latein an der Internationalen Schule in Genf; 1947 wurde sie Privatdozentin und 1956 Professorin für Philosophie an der Universität Genf. Sie lehrte auch im Ausland, insbesondere in den Vereinigten Staaten.

---

[41] *Die Illusion. Der Weg der Philosophie. Erkenntnis, Wissen und Bildung.* Mit Geleitwort von Karl Jaspers, Bern 1956. Anm. d. Übers.
[42] Deutsche Übers.: *Begegnung. Roman,* Frauenfeld 1975. Anm. d. Übers.

Eine Frage, die hier hier nicht zu behandeln ist, besteht hierin: Was war es, das angesichts dieser philosophischen und universitären Biografie und der Erfahrung des Zweiten Weltkriegs ihr Engagement in der UNESCO möglich machte?

Freiheit leben in einem von Begeisterung und Leidenschaft geprägten Haus

Eine andere Frage wäre: Wie kann man überhaupt in der UNESCO Philosophin bzw. Philosoph bleiben? Jeanne Hersch war zunächst Beauftragte für das Treffen der Friedens-Nobelpreisträger in Bellagio vom 23. bis 28. Mai 1966 und für das Rundtischgespräch der Generalkonferenz für den Frieden vom 31. Oktober bis 4. November 1966. Sie zog hieraus die Lehre, die UNESCO müsse auf großartige Prinzipienerklärungen verzichten und sich eher – wie Jacques Maritain betonte – konkreten Aufgaben widmen. Oder, wie Jeanne Hersch 1986 sagte: Handelt es sich darum, Experten zu einem Problem zusammenzubringen, mit dem wesentliche Divergenzen verbunden sein können, dann muss man diese aufdecken, anstatt um jeden Preis einen einvernehmlichen Text verfassen zu wollen. Jeanne Hersch setzte eine Reflexion über die Freiheit in Gang, die man als freies Wesen erringen muss, um Wissenschaft betreiben zu können. Sie zeigte sich glücklich über den intensiven Meinungsaustausch im Umfeld der Philosophie-Abteilung, zu dem es unter Einbeziehung der verschiedenen Stockwerke und Einheiten des UNESCO-Gebäudes kam und der Begeisterung und Leidenschaft auslöste, weil sich in allen Programmbereichen – Wissenschaft, Kultur, Bildung und Erziehung sowie Kommunikation – Menschen persönlich einbrachten.

Sie benannte auch ihre Höhen und Tiefen, Momente der Überschwänglichkeit und der Verzweiflung. Eines Tages hatte sie einen Schriftsatz verfasst, in dem sie gegen die in der Organisation zirkulierenden Meinungen zum Kampf gegen den Rassismus anging, denn nach ihrer Auffassung sind die Menschenrechte keineswegs vom intellektuellen Niveau eines Individuums oder einer Gemeinschaft abhängig, sondern gründen in der jedem Menschen gegebenen Fähigkeit, frei und verantwortlich zu werden. Und sie, die ihr Buch *L'illusion philosophique* nicht als Doktorarbeit eingereicht hatte, weil sie Eingriffe in das, was sie schrieb, befürchtete, sah sich damit konfrontiert, dass sie ihren Text mit von ihrem direkten Vorgesetzen durchgängig rot durchstrichenen Seiten zurück bekam; der Generaldirektor ließ ihr aber eine zustimmende Notiz zukommen und forderte alle Abteilungen zu einer Neuausrichtung der Aktivitäten im Kampf gegen den Rassismus auf.

Das Risiko des Denkens im Programm der UNESCO

Jeanne Hersch veröffentlichte im Kontext der Feierlichkeiten zum zwanzigsten Jahrestag der Allgemeinen Erklärung der Menschenrechte von 1948 eine bemerkenswerte Textsammlung, um zu zeigen, dass es in allen Kulturen Spuren der Sehnsucht gibt, dieser Erklärung beizupflichten, und dass dies ein Bedürfnis aller Menschen ist. Um die Sammlung herauszugeben, bat sie alle nationalen UNESCO-Kommissionen, ihr Texte zu schicken, die ein Bedürfnis oder eine Erwartung bezüglich der Menschenrechte zum Ausdruck bringen sollten; es sollte sich um Texte aus der Zeit vor der Erklärung von 1948 handeln, mit denen die Universalität von deren Wurzeln zu belegen war. Unter dem Titel *Le droit d'être un homme*[43] erschienen, wurde das Werk in sieben Sprachen übersetzt.[44] Wie das Vorwort von René Maheu anzeigt, ist es weder ein wissenschaftliches Werk noch eine Abhandlung über die Moral oder eine Liste der Sieger bei einem Tugendwettbewerb; es beinhaltet keinerlei Doktrin und ist kein wahrheitsgetreuer Spiegel der Geschichte. In ihm erscheint die Menschheit wesentlich auf dem Niveau ihrer Ideen. Es bezeugt ganz einfach in Zeit und Raum die Universalität des Anspruchs, ein Mensch zu sein.

Als Jeanne Hersch 1968 aus der Philosophie-Abteilung ausschied – sie sollte 1970 als Delegierte der Schweiz beim Exekutivrat noch einmal zur UNESCO zurückkommen –, hatte sich die Philosophie in der UNESCO Wertschätzung erworben. René Maheu konnte eine ambitionierte und mutige Entwicklung des Programms konstatieren und zugleich eine ebenso engagierte wie völlig freie philosophische Analyse anregen: «Natürlich kann sich die UNESCO in diesem Bereich kein Monopol anmaßen. Und sie soll auch keinen intellektuellen Dirigismus anstreben. Aber ich

---

[43] *Le droit d'être un homme*, recueil de textes sous la direction de Jeanne Hersch. Préface de René Maheu, Paris, UNESCO, 1968.
[44] Deutsche Übers.: *Die Hoffnung, Mensch zu sein. Essays*, Zürich 1976. Anm. d. Übers.

bin der Ansicht, dass die UNESCO im Laufe der nächsten Jahre die Rolle eines Zentrums der Orientierung des Denkens auf die großen Probleme des gegenwärtigen Zustands des Menschen spielen muss – Probleme, die man sinnvoll nur im Menschheits-Maßstab aufwerfen und allein in dieser Dimension lösen kann. Um diese Aufgabe zu erfüllen, muss man mit einem Minimum an Formalismus und einem Maximum an Flexibilität ans Werk gehen und nach Lösungen suchen [...] und – dies möchte ich unterstreichen – mit einem Maximum an Freiheit. Man muss die Freiheit haben, etwas zu wagen und zu schockieren, ja selbst die Freiheit zum Irrtum, ohne die neue Horizonte nicht zu entdecken wären. Das Risiko gehört zu einem authentischen Leben.»[45] Der Generaldirektor konnte eine «Politik des Spirituellen»[46] gut verkörpern; er blieb der Freund Sartres und teilte mit ihm die Beunruhigung eines nie zur Ruhe kommenden, nie zufrieden gestellten, kühnen antikonformistischen Denkens; zugleich blieb er in Erinnerung als Professor der Philosophie, der aus der Generation der 1950er Jahre hervorgegangen und durch Phänomenologie und Existenzialismus geprägt war, also in der Tradition der Philosophien des Subjekts – *eines Subjekts, das Autor der Verständlichkeit der Welt und der Herstellung einer moralischen Welt durch Stiftungsakte ist, deren Abfolge die Geschichte des Geistes konstituiert*; hieraus speist sich, wie Jacques Havet gut gezeigt hat, Maheus Humanismus, vor allem seine Konzeption der Freiheit und dessen, was Freiheit vermag.

---

[45] *Organisation des Nations Unies pour l'éducation, la science et la culture, Vingt-cinquième anniversaire de l'Organisation, Discours et messages*, Paris, UNESCO, 1972, S. 93, zitiert von Jacques Havet in: *Horizons philosophiques pour l'UNESCO au XXI siècle*, Paris, UNESCO, 1997.

[46] Jacques Havet: René Maheu tel que je l'ai connu, in: *René Maheu, portrait-souvenir par ses collaborateurs*, Association des anciens fonctionnaires de l'UNESCO, 2000, S. 103.

VII

Die UNESCO in der Tradition von Aristoteles, Immanuel Kant und Jacques Derrida

Das folgende Jahrzent erlebte die Fortsetzung der Tätigkeit der Philosophie-Abteilung der UNESCO, an deren Spitze sich Marie-Pierre Hartog (Marie-Pierre de Cossé Brissac), René Habachi und Mohamed Allal Sinaceur ablösten. Die neue Philosophengeneration ging auf Distanz zu den Subjektphilosophien; sie fand ihre Bezugspunkte eher in den Philosophien der Struktur, der Sprache und des Begriffs, d.h. der Dekonstruktion.

«Die Weisheit wohnt im Herzen der Menschen. Dort muss der Frieden keimen. Dies ist die Idee der UNESCO»

Anlässlich eines Vortrags beim XIV. Internationalen Philosophiekongress in Wien versuchte im Januar 1968 der Philosoph Alberto Wagner de Reyna als ständiger Vertreter Perus bei der UNESCO, diese (oder genauer: das Bild, das René Maheu von ihr hatte[47]) im Lichte des Aristoteles[48] zu überdenken und aufzuzeigen, dass dieser – seiner Zeit voraus – beständig auf so etwas wie die UNESCO angespielt habe: In völliger Übereinstimmung mit Aristoteles sehe die UNESCO den äußeren aus dem inneren ethischen Frieden entstehen; sie wolle den Frieden durch Ausübung ethischer und intellektueller Tugenden erreichen, und diese seien die Waffen ihres ‹kriegerischen› Unternehmens der friedlichen Verwirklichung des Friedens. Ferner bedeute «der Universalismus der UNESCO» – also der ‹Standpunkt des menschlichen Universellen› – keine kulturelle Nivellierung, sondern gerade das Gegenteil, d.h. insofern die Bewahrung der verschiedenen Kulturen in ihrer Ursprünglichkeit, als sie als das gemeinsame Erbe der Menschheit verstanden würden. Hierher

---

[47] Vgl. René Maheu: *La civilisation de l'universel*, Paris-Genève 1966.
[48] Vgl. Alberto Wagner de Reyna: *Idée et historicité de l'UNESCO*, Genève 1968.

rühre die Sorge, Kulturen könnten diffus werden oder man könne sich in ihnen verschanzen. Dieser Universalismus verlange nicht nach einem Kosmopolitismus, den Aristoteles verworfen habe; er beinhalte nicht, dass diejenigen, die sich zu seiner Verwirklichung vereinigen, ihr Vaterland vergessen; er suche nach dem Universellen im Ausgang von jeder Kultur und jeder nationalen Geschichte. René Maheu antwortete darauf, diese aristotelische Lektüre gebe auf vorzügliche Weise den Sinn und das Ziel der Anstrengungen in der UNESCO wieder, nämlich dass die Herstellung des Friedens das *Handwerk des Philosophen* und die Verfahren und Maßnahmen der UNESCO ein *eminent philosophisches Handeln* seien; denn es bestehe wesentlich in der Bildung des Bewusstseins der Universalität des Menschlichen, in der Erhöhung des Grades der Einsicht und in der Erweiterung des Verstehens.

Das Aristoteles-Jubiläum, die Vergangenheit der Philosophie
und das Schweigen Jacques Lacans

Ganz anders ging die UNESCO zehn Jahre später mit Aristoteles um, als vom 1. bis 3. Juni 1978 die dreiundzwanzigste Jahrhundertfeier zu seinem Tod begangen wurde. Warum sollte man heutzutage an Aristoteles erinnern? Hatte er nicht schon zu lange die philosophische Szene beherrscht und eingeengt? Sollte es darum gehen, einige die westliche Weltsicht durchziehende Kontinuitäten nachzuweisen oder bei ihm das Ursprungsgeheimnis und die griechischen Quellen des philosophischen Rätsels zu finden? *Es konnte sich weder darum handeln, die Wahrheit oder Akzeptierbarkeit philosophischer Thesen zu behaupten, noch darum, über die vergangenen Phasen des Wissens zu urteilen und sich in der Idee zu bestärken, dass keine Vergangenheit bedeutender als unsere Gegenwart sei; auch konnte es nicht darum gehen, eine Bilanz zu ziehen und einen Endpunkt zu setzen; es handelte sich vielmehr darum, jenseits des Gedenkens und einer Gedächtnisfeier und jenseits willfähriger oder aber respektloser Bezugnahme die Umrisse einer pluralen und vieldimensionalen Reflexion zu einem Fall zu skizzieren, bei dem etwas aus sich selbst heraus auch zur künftigen Kultur gehören wird; zu diesem Fall liefert der*

Aristoteles die Erklärung, der sich weder auf eine rein philosophische Fragestellung beschränkt, noch sich mit einer solchen identifiziert hat.[49] Dies bedeutet: 1) Die philosophische Reflexion hat nie aufgehört, sich selbst vom aristotelischen Paradigma her zu erklären; 2) dieses Paradigma ist eine hervorragende Quelle des Sinns, den wir der Philosophie zuschreiben, und es stellt einen unausweichlichen Schritt jeder Reflexion über die Spezifik einer philosophischen Tradition dar, die in alle Kulturen der Menschheit ausstrahlt und als eine Gabe in diesem Sinne für das Universelle konstitutiv ist; 3) über die westliche Kultur hinaus kann die aristotelische Denkhaltung das Bezugsmodell dafür darstellen, die anderen Traditionen des Denkens gedanklich zu durchdringen: *Aristoteles bietet in der Tat das Beispiel für eine Analyse der Schwierigkeiten des Ausgleichs zwischen dem technischen Fortschritt und den humanistischen Idealen der Kultur und fordert so zur intellektuellen Anstrengung auf, Antworten auf die universellen Besorgnisse unserer Zeit und folglich des heutigen Menschen zu finden.*

Aus dem genannten Kolloquium und aus anderen Zusammenkünften ging 1988 ein Buch unter dem Titel *Aristote aujourd'hui* (Aristoteles heute) hervor; ihm folgte 1991 als zweiter Band *Penser avec Aristote* (Mit Aristoteles denken), in dem es nicht mehr um die Aktualität seines Denkens ging, sondern um die Vielfalt seiner historisch in Generationen aufgezeigten Bedeutungen.[50] Diese und die ihr folgenden Aristoteles-Feiern bleiben aufgrund exzellenter Beiträge und der Qualität derer, die intervenierten, erinnernswert; unter ihnen sind zu nennen: H. Ahrweiler, M. Arkoun, P. Aubenque, J. Barnes, J. Baufret, J. Berque, B. Besnier, M. Bunge, B. Cassin, F. Châtelet, J. Dausset, J.-T. Desanti, D. Dubarle, J. Hintikka, G. Kreisel, A. Hasnaoui, J. Lacan (der bei der Lektüre seines Beitrags über den Traum des Aristoteles auf höchst verwirrende Weise das

---

[49] Vgl. M.A. Sinaceur: Vorwort zu *Aristote aujourd'hui*, Paris 1988.
[50] *Penser avec Aristote,* études réunies sous la direction de M.A. Sinaceur, Préface de Fédérico Mayor, Paris 1991.

Schweigen als Mittel einsetzte[51]), M. Mahdi, J. Merleau-Ponty, E. Moutsopoulos, R. Thom und J. Vuillemin.

Dies war ein bemerkenswertes und für die zukünftige Philosophiepolitik der UNESCO symbolträchtiges Ereignis: eine Versammlung der philosophischen Weltgemeinschaft mit dem Ziel, ihre Tradition im Lichte der Gegenwart zu überdenken.

Die Philosophie und die Philosophien heute und ihre Beziehungen zu den Sozial- und Geisteswissenschaften

Das Jahr 1978 hat nicht nur den Beginn der Aristoteles-Dekade markiert, sondern auch die Vollendung und Veröffentlichung des zweiten großen von Jacques Havet betreuten Werks *Tendances principales de la recherche dans les sciences humaines et sociales* (Wesentliche Forschungstendenzen in den Geistes- und Sozialwissenschaften); es stellt eine Antwort auf die dreifache Aufgabenstellung der UNESCO im Wissenschaftsbereich dar, wie sie deren Generaldirektor in Erinnerung rief: den Wissensfortschritt durch internationale Zusammenarbeit zu fördern, die wissenschaftliche Aktivität zum Anlass sowohl einer Annäherung zwischen denen, die sie praktizieren, als auch eines besseren Verständnisses zwischen den Nationen zu nehmen, und dazu zu ermutigen, dass die Errungenschaften der Wissenschaften zur Verbesserung der menschlichen Lebensbedingungen und zum materiellen und geistigen Fortschritt beitragen.[52] Der Schlussteil des zweiten Bandes war dem Bericht Paul Ricœurs über die von der UNESCO zur weltweiten philosophischen Forschung durchgeführte Erhebung gewidmet. Diese belegt zwei weitere Zielsetzungen des UNESCO-Programms im Bereich der Philosophie: *erstens ein Welttableau der Tendenzen und Strömungen zu entwerfen, die de facto das aktuelle philosophische Denken zum Erkenntnisproblems beleben, und zweitens unter Bezugnahme auf diese Aktualität des philosophischen*

---

[51] Vgl. Michel Conil-Lacoste: *Chronique d'un grand dessein, UNESCO 1946-1993*, Paris, éditions UNESCO, 1993, S. 182. Zum Text des Vortrags siehe unten S. 76-78.

[52] Vgl. das Vorwort von Amadou-Mathar M'Bow zu: *Tendances principales de la recherche dans les sciences sociales et humaines,* sous la direction de Jacques Havet, deuxième partie, Paris-La Haye-New York 1978.

Denkens Mittel und Paradigmata philosophischer Reflexion ins Spiel zu bringen und die Reflexion im Sinne einer radikaleren Suche nach Kohärenz und Sinn so zu erweitern, dass Erkenntnis, Handeln und Werte eine Einheit bilden.[53]

Paul Ricœur lehnte jegliche Zuordnung der Forschungstendenzen in der Philosophie zu einem geografischen Rahmen ab, der die nicht-westliche Philosophie – Ostasien, Südasien, Naher Osten, Afrika – und die westliche Philosophie – die angelsächsische Welt, Osteuropa, das westliche Kontinentaleuropa, die lateinamerikanische Welt – einander gegenüberstellte. Gemeinsam mit den beigeordneten Berichterstattern – dem Inder Daya Krishna, dem Engländer Alan Montefiore und dem Russen Teodor Iljitsch Oiserman – schlug er eine originale Topografie der Felder bzw. der Orte der Philosophie entsprechend den Problemstellungen vor, wie sie sich aktuell im Niveau der Forschung und in Veröffentlichungen und Diskussionen zeigten. Die zeitgenössische Philosophie biete ein Bild, das ihrem eigenen Auftrag nicht entspreche: Auf der einen Seite wolle sie die Wissenschaft in eine grundlegendere und weiter gespannte Konzeption der Realität einbeziehen (dialektischer Realismus), und auf der anderen Seite wolle sie sich auf Sprachkritik begrenzen (Analytische Philosophie); oder sie ziehe sich, um dieser Alternative zu entgehen, auf Subjektivität zurück (Subjektphilosophie) bzw. denke über das Ende der Metaphysik nach (Post-Philosophie oder Meta-Philosophie). Man müsse deshalb auf eine Synthese verzichten und unter Berücksichtigung der in der Philosophie herrschenden grundlegenden Divergenzen die Felder ermitteln, in denen sich Problemstellungen überlappen. Hieraus entstand ein folgendermaßen strukturiertes Exposé:

Erstes Kapitel: Das Denken und die Ordnungen der Wirklichkeit

Abteilung I: Der Mensch und seine Denkfähigkeiten
A: Philosophie der Logik
B: Die Logik der Philosophie

---

[53] Vgl. die Vorbemerkung von Jacques Havet, ebd., S. XLVIII.

Abteilung II: Der Mensch und die natürliche Wirklichkeit
A: Epistemologie der Naturwissenschaften
B: Theorie der natürlichen Wirklichkeit

Abteilung III: Der Mensch und die soziale Wirklichkeit
A: Die Logik der Erklärung
B: Sozialphilosophie und politische Philosophie

Zweites Kapitel: Die Sprache, das Handeln, der Humanismus

Abteilung IV: Der Mensch und die Sprache
A: Epistemologie der Linguistik
B: Sprachphilosophie

Abteilung V: Der Mensch und das Handeln
A: Theorie des praktischen Diskurses
B: Die Handlungsphilosophien

Abteilung VI: Der Mensch und die Grundlegung des Humanismus
A: Der Mensch im Denken des Orients
B: Der Mensch im Denken des Okzidents
C: Die Philosophie der Religion

Hierzu schrieb Jacques Havet, Philosoph und Stellv. Generaldirektor der UNESCO für den Sektor ‹Sozialwissenschaften und deren Anwendung›, dieser Plan repräsentiere in vollendeter Weise die gesamte Analyse der Sozial- und Geisteswissenschaften; zugleich biete er eine Perspektive, die nur offen sein könne – frei von Dogmatismus und pluralistisch. *Denn er verpflichte sich darauf, die Verschiedenheit der Schulen des Denkens und die diese spaltenden Divergenzen widerzuspiegeln; er sei weniger eine völlig mit den anderen Teilen der Studie übereinstimmende «abschließende Schlussfolgerung», als eine «Wiederaufnahme von Problemen und Thematiken», die den Übergang von einer Kartierung der Wahrheit zu einer anderen anzeige und vom Erfordernis der Begründung des unmittelbaren Sinns wissenschaftlicher Diskurse motiviert sei; allerdings seien die Praktiker der positiven Wissenschaften weder immer fähig, ihrem Geist zu entsprechen und dessen Bewegung mitzuvollziehen, noch für das, was sich aus ihr ergebe, die Verantwortung zu übernehmen; sie müssten ihre Wahl entsprechend ihren eigenen Kriterien und Präferenzen treffen und verliehen so philosophischen Thesen eine Bodenhaftung diesseits bzw. jenseits der Philosophie.*

Und doch blieb die UNESCO in der Stunde des Triumphs der Geistes- und Sozialwissenschaften ihrer philosophischen Berufung treu: *Die positiven Wissenschaften sind – nicht anders als das theoretische Nachdenken über Zweck und Ziel unter Bezugnahme auf Transzendenz – zu einer radikalen Infragestellung aufgefordert, die keinerlei einstimmige Antwort erwarten lässt, sondern die der Mensch nur verantworten kann, indem er sich selbst in seiner Befähigung zur Menschlichkeit verantwortet – eine echte Wette, bei der man auf keine externe Rechtfertigung pochen kann und die von einem Risiko begleitet ist, dem man sich bewusst und freiwillig stellen muss.*[54]

Das Recht auf Philosophie

Die Philosophie heute in der Vielfalt ihrer Erfahrungen begreifen, die Aktualität der Vergangenheit der Philosophie erfassen und mit der Vergangenheit der Philosophie auf die Gegenwart hin denken: Dies sind drei Aufgaben, auf die sich die Philosophie-Abteilung der UNESCO immer wieder besonnen hat. Dies gilt insbesondere für das Bemühen, die philosophische Arbeit in die Öffentlichkeit zu bringen, z.B. indem sich die UNESCO an der regelmäßigen Durchführung öffentlicher Vorträge über «Philosophie und Geisteswissenschaften» beteiligte. Es ist hier nicht möglich, den ganzen Vortragskalender aufzublättern; es genügt, die Gründe für die Wahl der Themen und der Eingeladenen zu verstehen. Genannt seien etwa für das Jahr 1989: E. Lazlo, Jeanne Hersch, Jean Starobinski, Roberts-Jones, I. Prigogine, V. Koudriavtsev, J. Thomas, Père Lelong, J.J. Servan-Schreiber, J.C. Derian, F. Sezgin, E. Pisani, A. Langaney, Y. Coppens, J. Guiant, J. Bouveresse, G.G. Granger, E. Sullerot und J. Vuillemin.[55] Dies ist nur eine Auswahlliste, die den Willen belegt, Philosophen, Theologen, Wissenschaftler, Soziologen und Anthropologen, Ethiker und politische Denker, die zu den Bedeutendsten ihrer Zeit gehörten, zusammenzurufen und so einen Bühne öffentlicher Debatten zu

---

[54] *Ebd.*, S. XLIX.
[55] Liste der für 1989 geplanten öffentlichen Vorträge, Archiv der Philosophie-Abteilung der UNESCO.

schaffen. Es handelte sich um Spezialisten verschiedener Disziplinen, aus allen Weltregionen stammende Vertreter der unterschiedlichen Denktraditionen. Sie behandelten aktuellste Themen: die moderne Welt und die Grenzen der Moderne, die Menschenrechte in philosophischer Perspektive[56], die Physik, die religiöse Erfahrung, die Wissensrevolution und die Technologie, Geografie und Anthropologie, Konfuzius, Wittgenstein und Heidegger.[57]

Die Arbeit der Philosophie öffentlich zu machen, heißt die philosophische Frage nach der Bestimmung der Philosophie zu stellen, und dies betrifft auch die Frage nach dem immer neu zu definierenden Wesen der Philosophie. Jacques Derrida war am 23. Mai 1991 eingeladen, hierüber in der UNESCO anlässlich eines Rundtischgesprächs mit dem Titel ‹Le droit à la philosophie du point de vue cosmopolitique› (Das Recht auf Philosophie in kosmopolitischer Sicht) zu sprechen.[58] Dieser Titel erinnert an Kants Schrift *Idee zu einer allgemeinen Geschichte in weltbürgerlicher Absicht*, in der internationale Organisationen wie die UNESCO vorweggedacht sind, die erst im 20. Jahrhundert im Horizont einer philosophischen Möglichkeit entstehen sollten, – Institutionen, die selbst Philosopheme sind, denn sie drängen auf die Verwirklichung einer Philosophie des Internationalen Rechts, der Menschenrechte und der Universalgeschichte: Sie sind durch Konzepte legitimiert, die eine philosophische Geschichte haben und in die UNESCO-Verfassung eingeschrieben sind.

Warum bedarf die UNESCO einer Philosophie-*Abteilung*, wenn sie doch insgesamt eine philosophische Institution ist? So könnte man eine Frage unter Berufung auf Kants Schrift *Der Streit der Fakultäten* neu stellen. Schelling hatte die Antwort gegeben, dass in der Universität, die doch in allen ihren Teilen philosophisch sei, die Philosophie nicht in einer beson-

---

[56] Vgl. Jeanne Hersch: *Les droits de l'homme au point de vue philosophique*, UNESCO-Archiv.
[57] Vgl. *Heidegger, l'homme et le philosophe*, mit Teilnahme von Pierre Aubenque, Jeanne Hersch, Paul Ricoeur, Alberto Wagner de la Reyna, Rainer Wiehl, Donnerstag, 7. Dezember 1989, in der UNESCO.
[58] Jacques Derrida: *Le droit à la philosophie du point de vue cosmopolitique*, Paris 1997.
Deutsche Übers.: *Vom Recht auf Philosophie I*. Hg. v. P. Engelmann. Übers. v. M. Sedlaczek, Wien 2003. Anm. d. Übers.

deren Fakultät abgekapselt werden könne.[59] Auch die Frage nach der UNESCO als Ort der Philosophie stellt sich so: Darf die Philosophie, wenn sie doch in ihr allgegenwärtig ist, einen besonderen Ort haben? Eines ist eindeutig: Zur Mission der UNESCO gehört die Teilhabe an einer philosophischen Kultur und Sprache, die nach dem Recht auf Zugang zur Philosophie durch Erziehung und Bildung verlangt – nach Anerkennung eines *Rechts auf Philosophie in weltbürgerlicher Absicht.*

---

[59] Dies begründet Schelling 1803 in seinen *Vorlesungen über die Methode des akademischen Studiums.* Vgl. *F.W.J. von Schellings sämmtliche Werke.* Hg. v. K.F.A. Schelling, München ²1958ff., Bd. V, S. 284. Anm. d. Übers.

VIII

Menschliche Natur und Kultur des Friedens

Wie wir gesehen haben, besteht eine der Aufgaben der UNESCO darin, die Arbeiten der Philosophinnen und Philosophen, insbesondere unter Berücksichtigung der Gegenwartsprobleme, zu unterstützen und dazu beizutragen, sie öffentlich und für alle zugänglich zu machen. Zugleich ist sie eine philosophische Institution und entspringt philosophischer Arbeit an ihren eigenen Konzepten und an den Philosophemen, die ihr Handeln leiten. Man kann nicht verstehen, in welchem Maße die UNESCO von der Philosophie geprägt ist und welches Philosophieprogramm sie sich heute gibt und geben muss, wenn man nicht an den Weg erinnert, der sie zum Nachweis geführt hat, dass der Krieg kein natürliches, kein tragisches Schicksal der Menschheit ist, und dass Frieden herzustellen in erster Linie eine Aufgabe der Kultur ist.

Prolegomena zu einer philosophischen Geschichte der UNESCO

Die Geschichte der Philosophie legt Zeugnis von drei Möglichkeiten ab, das Verhältnis von Krieg und Frieden zu problematisieren:

1) Entweder ist der Krieg die wahre Realität des Friedens, und nackte Gewalt beherrscht die Staaten. Dies ist z.B. die Theorie des englischen Philosophen Thomas Hobbes, der in seinem Werk *Leviathan* den Naturzustand als Krieg aller gegen alle beschreibt; oder die Theorie Pascals, der schreibt: «Da man es nicht erreicht hat, dass die Gerechtigkeit Macht hat, hat man die Macht gerechtfertigt»; dies ist auch die Lehre Machiavellis. Alle diese Problemlösungsversuche sind auf den Naturzustand gegründet.

2) Oder der Frieden ist die Wahrheit des Krieges, der nur eine Zerrüttung der Natur ist (ein Unfall jener Substanz, die der Frieden ist). Dies ist die auf das Recht gegründete Auffassung Thomas von Aquins. Sie ermächtigt zum ‹gerechten Krieg› als Wiederherstellung der Politik auf natürlichem Wege.

3) Oder der Frieden ist ein Ideal, das – wie bei Kant – der *Institutionalisierung* bedarf. Kant verfasste 1795 seine Schrift *Zum ewigen Frieden*, die direkt von der von Jean-Jacques Rousseau kommentierten Friedensschrift des Abbé de Saint-Pierre beeinflusst war; Kant verortete aber dieses Ideal in seiner kritischen Philosophie und formulierte es kategorisch als universelles Gesetz der praktischen Vernunft. Was sind die Bedingungen der Möglichkeit eines dauerhaften Friedens zwischen den Völkern und Staaten? Kant nennt drei Bedingungen: Die politische Verfassung des Staates muss republikanisch sein; das Völkerrecht (das Internationale Recht) muss sich auf eine Föderation (einen Föderalismus) freier Staaten gründen; und das Weltbürgerrecht muss sich auf Bedingungen allgemeiner Hospitalität beschränken.[60]

Während in einer Philosophie des Krieges die normalen Beziehungen zwischen den Menschen durch Gewalt gekennzeichnet sind, scheint der Krieg in einer Philosophie des Friedens nur als ein Mittel hinzunehmen, um zum Frieden zu gelangen. Es geht freilich darum, hierüber hinauszugehen und den Krieg nicht bloß Regeln zu unterwerfen und zu begrenzen, sondern jede Möglichkeit zu beseitigen, ihn zu führen. So lautet etwa das Projekt eines ewigen Friedens bei Abbé de Saint-Pierre: Man soll «für immer auf die Stimme der Waffen verzichten». Die Idee eines ewigen Friedens geht deshalb über in die Idee seiner Institutionalisierung. Und dies setzt den von allen geteilten Willen voraus, den Frieden dauerhaft durch das *Recht* zu sichern. Für Kant handelt es sich nicht bloß darum, ein Mittel zu wollen, sondern einen Zweck, und in letzter Instanz ist die Moral die Grundlage der Ablehnung des Krieges. Der Frieden ist kein von bestimmten Umständen abhängiges Ziel, sondern ein *unbedingtes Sollen*: Diese Idee bestimmt die Herstellung eines neuen Zustands der Welt, in dem der Frieden ewig, d.h. universell ist. Wie sollte man diese moralische Idee in der Politik verwirklichen? In Kants Sicht durch einen Völkerbund, durch die Einführung eines *öffentlichen Rechts* der Staaten.

---

[60] Vgl. I. Kant: Zum ewigen Frieden. In: *Kant's gesammelte Schriften*. Hg. v. d. Königlich Preußischen Akademie der Wissenschaften, Berlin 1900-1955, 1966ff. (= AA), Bd. VIII; vgl. auch den Beitrag von Françoise Proust in: *Guérir de la guerre et juger la paix*, actes du Colloque tenu á l'UNESCO, sous la responsabilité de Rada Ivekovic et Jacques Poulain, Paris 1998.

Die Gründung des Völkerbundes im Jahre 1919 wie auch der am 27. August 1928 unterzeichnete Briand-Kellog-Pakt traten implizit die Erbschaft Kants an; das Ziel war, alle Staaten der Erde auf den Verzicht auf den Krieg festzulegen, denn der Frieden kann nur im Weltmaßstab gedacht werden. Wenige Tage vor der Vertragsunterzeichnung hatte René Cassin im *Journal de Genève* zur Bedeutung dieses Paktes geschrieben, er überführe die Illegalisierung des Krieges aus dem Bereich der Moral in den der Politik der Regierungen.[61]

René Cassin
© UNESCO / Dominique Roger

---

[61] Vgl. Marc Agi: *René Cassin, prix Nobel de la Paix, père de la Déclaration universelles des droits de l'homme,* Paris 1998.

Der Frieden ist eine Vernunftidee, ein in stetiger Annäherung zu erreichendes Endziel. Hier kommt der philosophische Ursprung der UNESCO in Sicht. Indem sie bekräftigten, man müsse die Verteidigung des Friedens im Geist der Menschen verankern, weil in ihm auch die Kriege entstünden, unterschieden sich die Denker, die die Gründung der UNESCO anregten, vom Pessimismus der Intellektuellen der Zwischenkriegszeit, etwa von P. Valéry, S. Freud oder E. Husserl, die angesichts der Krise der Zivilisation von Ratlosigkeit befallen waren; im Unterschied zu ihnen waren die Gründer der UNESCO vom Glauben an die Zukunft der Menschheit beseelt, und dieser Glaube ließ sie den Beginn einer neuen Ära der Geschichte wahrnehmen. In ihren ersten Dokumenten wiederholte die Generalkonferenz immer wieder, *dass sich die UNESCO in allen ihren Aktivitäten vorrangig um die Sache des Friedens kümmern werde, der sie sich gewidmet habe.* Über lange Zeit standen sich allerdings zwei Konzeptionen gegenüber: Für die einen konnte sich der Geist des Friedens in der Welt nur durch eine kraftvolle, von den Medien unterstützte Volkserziehungsaktion verbreiten; für die anderen musste es um eine Aktion zur Überzeugung der als «Kriegshetzer» beschuldigten herrschenden Eliten gehen.[62] Doch während sich die Sichtweisen hinsichtlich der Mittel der Kriegsverhinderung unterschieden, war man sich hinsichtlich der Kriegsursachen einig.

Die ‹Rassen›-Frage, die Wissenschaft und der Kriegstrieb

Der Missbrauch des Nichtwissens und des Vorurteils durch pseudo-wissenschaftliche Theorien der Ungleichheit der ‹Rassen› und der Menschen wurde von Anfang an als einer der wichtigsten Gründe für den Zweiten Weltkrieg identifiziert. Deshalb begann die UNESCO seit 1950, Philosophen und Wissenschaftler zum Kampf gegen diese Wissenschaftsideologie zu versammeln und zu betonen, dass das ‹Rassen›-Konzept biologisch unhaltbar ist. Die UNESCO gab eine ab 1951 erscheinende Buchreihe unter dem Titel *La question raciale devant la science moderne* (Die Rassenfrage angesichts in der modernen Wissenschaft) in Auftrag, in der *Race et biologie* von L.C. Dunn, *Race et civilisation* von Michel Leiris, *Race et psychologie* von Otto Klineberg, *Les mythes raciaux* von Juan

---

[62] Vgl. Jean Thomas: *U.N.E.S.C.O.*, Paris 1962, S. 188.

Comas, *L'origine des préjugés* (Der Ursprung der Vorurteile) von Arnold Rose, *Race et histoire* von Claude Lévi-Strauss und *Race et société* von Kenneth Little veröffentlicht wurden. Und 1964 versammelten sich zweiundzwanzig Biologen und Anthropologen in Moskau und verabschiedeten «Vorschläge zu den biologischen Aspekten der Rassenfrage».

Die UNESCO nahm diese Aufgabe auch später ernst und folgte den Empfehlungen der von ihr einberufenen Experten. Ihre *Erklärung* von 1978 betonte, es gehöre zur Verantwortlichkeit der Wissenschaftler, ihre Forschungen vor jeglichem rassistischen Missbrauch zu bewahren und die Öffentlichkeit für die angemessene Rezeption der Resultate zu sensibilisieren. Die Kraft der Ideen durch ihre Organisation zu fördern, musste zunächst bedeuten, es den Wissenschaftlern zu ermöglichen, sich zur Reflexion über den Missbrauch ihrer Arbeiten zu vereinigen, aber auch, sich um die richtige Interpretation und das angemessene Verständnis unter den Menschen zu bemühen. Diese Aufgabenstellung wurde 1981 bei einer Tagung in Athen über die Kritik der mit Wissenschaftsanspruch auftretenden Ideologien, die Rassismus und Rassendiskriminierung zu legitimieren versuchen, hinaus auf alle Ideologien erweitert, die Unterdrückung und Gewalt rechtfertigen. Der Anthropologe Santiago Genoves zeigte auf, wie wissenschaftliche Konzepte zu Unsinn Anlass geben können, so z.B. zur Verwechslung von Typen der Gewalt bei Tieren und Menschen, des Überlebens des Geschicktesten und Stärksten oder natürlicher und kultureller Ursachen. Zur Kontinuität dieser Tradition gehörte auch die Tagung in Sevilla.

Das am 16. Mai 1986 verabschiedete *Manifest von Sevilla* war vor allem eine polemische Erklärung von Wissenschaftlern mit dem Ziel, jegliche Wissenschaftsideologie zurückzuweisen, die darauf abzielte, die angeblich naturalistisch begründbare Unvermeidbarkeit von Krieg und Gewalt für die Menschheit zu legitimieren. Das Manifest war vor allem den Arbeiten und dem Einsatz der Professoren D. Adams und T. Varis zu verdanken. Sie wollten den Mythos, der Mensch sei biologisch zu Gewalt determiniert, wissenschaftlich widerlegen. Dieser Mythos ist das Ergebnis illegitimer Verwendung von Tatsachen und wissenschaftlicher Theorien, die letztlich die Gewalt und den Krieg als naturhaft rechtfertigen wollten. Das Manifest erklärte aus der Sicht der Wissenschaft fünf Behauptungen für falsch: Wissenschaftlich inkorrekt sei die These,

Mensch habe vom Tier den Trieb geerbt, Krieg zu führen; die Tiere seien nicht notwendigerweise auf Krieg programmiert, und der Mensch unterscheide sich vom Tier, weil er Kultur habe; der Krieg sei kein biologisches Schicksal, sondern ein Produkt der Kultur, und diese Kultur sei entwicklungsfähig:

- Wissenschaftlich unhaltbar sei die Unterstellung einer genetischen Programmierung des Menschen zu Krieg oder Gewalt. Die Persönlichkeit der Individuen sei vielmehr das Ergebnis der komplexen Wechselwirkung zwischen ihrem genetischen Erbe und ihrer Erziehung und Bildung, d.h. der menschlichen Kultur.

- Wissenschaftlich unhaltbar sei die Idee einer Selektion, die im Verlauf der menschlichen Evolution Aggressivität begünstige: Ganz im Gegenteil sei es die Fähigkeit zur Kooperation, die damit verbunden zu sein scheine, ein gutes Leben zu führen.

- Wissenschaftlich unhaltbar sei die These einer neuronalen Physiologie, wir seien zu Gewalt gezwungen: Die Menschen haben kein «auf Gewalt gepoltes Gehirn».

- Wissenschaftlich unhaltbar sei es, einen Trieb oder ein anderes alleiniges Motiv als einzige Ursache des Krieges zu behaupten.

Als Ergebnis des Treffens einer Wissenschaftsgemeinschaft bezeugt das Manifest in erster Linie das Bewusstsein der Verantwortung der Wissenschaftler hinsichtlich der Interpretation und Verwendung der Resultate ihrer Forschungen sowie der Grenzen der Wissenschaft.

Es waren die bedeutendsten Spezialisten der Psychologie, der Neurophysiologie, der Ethologie und der biologischen Anthropologie, die gegen die Ideologie einer den Menschen zu Gewalt drängenden Determination auftraten und an die Geistes- und Sozialwissenschaften appellierten, die komplexen Phänomene von Krieg und organisierter Gewalt zu untersuchen. *Sie erkannten an, dass die Wissenschaft ein Kulturprodukt ist, das keinen ein für allemal fixierten und die Gesamtheit der menschlichen Aktivitäten umfassenden Charakter haben kann.* Sie wiesen also im Namen der Wissenschaft die These, die Biologie verdamme die Menschheit zum Krieg, und die damit verbundene Manipulation zurück. Sie bekräftigten die Möglichkeit, sich zugunsten künftiger Generation für den Frieden einzusetzen.

Die Einführung des Begriffs der Friedenskultur

Insbesondere mit ihrem am 26. Juni 1989 in Yamassoukro (Elfenbeinküste) eröffneten Kongress richtete die UNESCO ihre Überlegungen aus auf die positiven, das Versprechen des Friedens beinhaltenden Gründe für ihre Tätigkeit. Nun ging es nicht mehr um einen Katalog der Kriegsursachen oder darum, die Hindernisse für Konfliktlösungen aufzudecken. Es ging darum, das Feld der Bedingungen der Möglichkeit für die Herstellung des Friedens zu vermessen und unter Berücksichtigung ihrer Kompetenzen die Art und Weise, die Struktur und die Funktion des Beitrags der UNESCO zur Bewältigung dieser Aufgabe zu bestimmen.

Dieser Kongress, bei dem einhundertundsechzig Spezialisten, andere Persönlichkeiten und Beobachter zusammenkamen, fand unter dem Titel «La paix dans l'esprit des hommes» (Der Frieden im Geist der Menschen) statt. Ihm ging ein Vorbereitungstreffen voraus, bei dem ein Arbeitsdokument diskutiert wurde, das eine philosophische Inspiration einforderte; das Dokument nahm Spinoza – «Der Frieden ist keine bloße Abwesenheit des Krieges» – und Kant zum Motto und speiste zugleich seine Überlegungen aus den neuesten Ergebnissen der Wissenschaft. Auch der Generaldirektor zitierte Kant mit dem Satz, «daß ein Ausrottungskrieg, wo die Vertilgung beide Teile zugleich und mit dieser auch alles Recht treffen kann, den ewigen Frieden nur auf dem großen Kirchhofe der Menschengattung statt finden lassen würde».[63]

Vom Kongress in Yamoussoukro (28. Juni 1989) datiert die Einführung des Konzepts der Kultur des Friedens bzw. Friedenskultur, verbunden mit der regulativen Idee, dass der Frieden nur auf der absoluten Achtung der Menschenrechte und in einem qualitativ guten Umfeld gründen kann. Kurz darauf stürzte im November 1989 die Berliner Mauer. Die

---

[63] Federico Mayor: *Allocation d'ouverture à la réunion préparatoire du Congrès de Yamassoukro (Côte d'Ivoire)*, 6. September 1988, UNESCO-Archiv.
Das Kant-Zitat findet sich in *Zum ewigen Frieden*, AA VIII, S. 347. Anm. d. Übers.

UNESCO wurde in ihrem Handeln unabhängiger von den Vereinten Nationen, indem sie den Akzent nicht mehr nur auf Krisenbewältigung setzte, sondern auf Dialog, Mediation und Verhandlung. Über die Staaten hinaus ermöglichte sie im Interesse eines neuen Sicherheitsverständnisses neuen Gesprächspartnern der Zivilgesellschaft den Zugang.[64]

Die Grundidee der UNESCO war seitdem auch, *dass die Aufrechterhaltung, Wiederherstellung und Konsolidierung des Friedens einerseits und die Konstruktion des Friedens im Geiste der Menschen andererseits nicht als zeitlich unterschiedene und aufeinander folgende Momente verstanden werden dürfen; sie können vielmehr zugleich existieren, und die Abfolge der beiden Momente kann sich sogar umkehren.* Weit entfernt von der Annahme, Frieden könne in Konfliktlosigkeit bestehen, vertrat die UNESCO die Position, Konflikt seien ein integrierender Bestandteil der menschlichen Beziehungen. *Das Ziel einer Kultur des Friedens ist es nicht so sehr, Konflikte zu eliminieren und zu einem gar nicht möglichen Konsens zu gelangen, als vielmehr, die Phase ihrer ansteckenden Wirkung zu vermeiden.*

Hieraus folgt die sogenannte Theorie des ‹interaktiven Dreiecks›: Friedenskultur, Demokratie und Menschenrechte sind untrennbar miteinander verbunden. Die Demokratie ist durch die Möglichkeit für Jedermann definiert, zum Ausdruck zu bringen, was er denkt, und dies setzt die Achtung des Pluralismus der Meinungen und die Anerkennung des Rechts auf deren Öffentlichkeit voraus; Demokratie ist auch Teilhabe der Bürger am politischen Leben und am Zugang zu hohen Staatsämtern; sie existiert unter dem Vorbehalt des Dialogs und bildet den öffentlichen Raum, in dem sich politische Subjektivierung entfalten kann. Friedenskultur wäre auch nicht zu verstehen ohne die Verteidigung, Ausweitung und Anwendung *sowohl der bürgerlichen und politischen als auch der ökonomischen, sozialen und kulturellen Menschenrechte und der Menschenrechte der dritten Generation,* also des Rechts auf Entwicklung.[65] Schließlich

---

[64] Vgl. *Unité de la paix et des nouvelles dimensions de la sécurité,* Vorwort von Moufida Goucha, UNESCO 1999.
[65] Vgl. *Agir pour les droits de l'homme au XXI siècle,* textes réunis par Federico Major avec la collaboration de Roger-Pol Droit, Editions UNESCO, Paris 1998.

gibt es keine Friedenskultur ohne nachhaltige Entwicklung, ohne den Abbau ökonomischer und sozialer Ungleichheit auf nationaler und internationaler Ebene und ohne den Kampf gegen eine Globalisierung, welche die Menschheit in zwei Teile trennt: in diejenigen, die aus der Modernisierung Vorteile ziehen, und diejenigen, denen dies durch das Gesetz des Marktes oder durch antidemokratisches Wirtschaften versagt bleibt.

Die UNESCO hat den Übergang von einer Philosophie des Friedens zu einer Philosophie der Friedenskultur vollzogen. Bildung und Erziehung wurden für sie seit 1989 zum besten Träger dieser Friedenskultur – eine Bildung und eine Erziehung, die sich vorrangig auf das Erwecken des kritischen Geistes und auf freie Urteilsbildung gründen, und das heißt: auf die Philosophie. Denn den Worten des Generaldirektors zufolge, der 1995 in Santiago de Chile den ersten UNESCO-Lehrstuhl für Philosophie ins Leben rief, ist die Philosophie auf besondere und privilegierte Weise *eine Schule der Freiheit, die uns die Türen zur Zukunft öffnet.* Seitdem und mehr denn je beruft sich die UNESCO in ihren Programmen auf die Philosophie.

Die ‹Pariser Erklärung für die Philosophie›

Wir, die Teilnehmer an den von der UNESCO in Paris am 15. und 16. Februar 1995 organisierten internationalen Studientagen ‹Philosophie und Demokratie in der Welt›

Stellen fest, dass die von der Philosophie behandelten Probleme die universell für wichtig erachteten Probleme des Lebens und der Existenz der Menschen sind,

Sind der Ansicht, dass die philosophische Reflexion zum Verständnis und zur Gestaltung der menschlichen Angelegenheiten beitragen kann und muss,

Sind der Auffassung, dass die philosophische Aktivität keine Idee aus der Diskussion ausschließt, die sich um eine genaue Definition der verwendeten Begriffe und darum bemüht, die Gültigkeit der Verstandesurteile zu verifizieren und die Argumente Anderer aufmerksam zu prüfen, und es deshalb Jedermann ermöglicht, das Selbstdenken zu erlernen,

Unterstreichen, dass der Philosophieunterricht die Öffnung des Geistes, die zivile Verantwortung und Verständnis und Toleranz zwischen den Individuen und Gruppen fördert,

Bekräftigen erneut, dass die philosophische Bildung und Erziehung freie und zur Reflexion fähige Geister formt, die Propaganda, Fanatismus, Exklusion und Intoleranz in ihren verschiedenen Formen widerstehen können, zum Frieden beiträgt und Jedermann darauf vorbereitet, angesichts der großen Fragen der Gegenwart – insbesondere im Bereich der Ethik – Verantwortung zu übernehmen,

Sind davon überzeugt, dass die Entwicklung der philosophischen Reflexion im Unterricht und im kulturellen Leben erheblich zur Bildung der Bürger beiträgt, indem sie deren Urteilsfähigkeit – das Grundelement jeder Demokratie – ausbildet.

Deshalb bemühen wir uns, in unseren Institutionen und Herkunftsländern alles in unserer Macht Stehende zu tun, um diese Ziele zu verwirklichen, und erklären:

Die freie philosophische Aktivität muss überall, in allen Formen und an allen Orten für alle Individuen garantiert sein; der Philosophieunterricht muss dort, wo es ihn bereits gibt, geschützt bzw. ausgeweitet werden und dort, wo es ihn noch nicht gibt, eingerichtet und ausdrücklich *Philosophie* genannt werden. Der Philosophieunterricht muss durch Lehrer gesichert werden, die zu diesem speziellen Zweck fachlich ausgebildet sind, und darf keinem ökonomischen, technischen, religiösen, politischen oder ideologischen Imperativ unterworfen werden.

Der Philosophieunterricht muss autonom bleiben und zugleich überall da, wo es möglich ist, nicht neben die universitäre bzw. berufliche Bildung gestellt, sondern mit ihr wirksam verbunden werden.

Die Verbreitung von Büchern, die hinsichtlich ihrer Sprache und ihres Verkaufspreises für eine breite Öffentlichkeit zugänglich sind, die Ausstrahlung von Radio- bzw. Fernsehsendungen und die Ausarbeitung von Audio- bzw. Videomaterialien, die pädagogische Nutzung aller audiovisuellen und EDV-gestützten Medien, die Schaffung möglichst vieler Orte für Debatten und alle Initiativen, die geeignet sind, einer möglichst großen Zahl von Menschen Zugang zu einem ersten Verständnis philosophischer Fragen und Methoden zu verschaffen, müssen im Interesse einer philosophischen Erwachsenenbildung gefördert werden.

Die Vermittlung der Kenntnis der philosophischen Reflexionen in den verschiedenen Kulturen, der Vergleich ihrer einschlägigen Beiträge und die Analyse dessen, worin sie sich einander ähneln, bzw. worin sie sich widersprechen, müssen weiter verfolgt und seitens der Institutionen von Forschung und Lehre unterstützt werden.

In der philosophischen Tätigkeit als freier Reflexionspraxis kann keine einzige Wahrheit als endgültig erworben angesehen werden; sie verlangt danach, die Überzeugungen aller zu achten; sie darf aber, wenn sie sich nicht selbst verneinen will, keinesfalls Doktrinen akzeptieren, welche die Freiheit des Anderen verleugnen, die Menschenwürde verhöhnen und Ursachen von Barbarei sind.

Diese Erklärung wurde von folgenden Professoren als Erstunterzeichnern angenommen: Ruben G. Apressian (Moskau), Tanella Boni-Koné (Abidjan), Tzotcho Boyadjiev (Sofia), In-Suk Cha (Seoul), Marilena Chaui (Brasilien), Donald Davidson (Berkeley), Souleymane Bachir Diagne (Dakar); François Dossou (Cotonou), Michael Dummet (Oxford), Artan Fuga (Tirana), Humberto Giannini (Santiago de Chile), Paulin J. Hountondji (Cotonou), Ioanna Kuçuradi (Ankara), Dominique Lecourt (Paris), Nelly Motroschilowa (Moskau), Satchidananda Murty (Kalkutta), Ulrich Johannes Schneider (Berlin), Serracino Inglott (Malta), Mohammed Allal Sinaceur (Rabat), Richard Schusterman (Philadelphia), Fathi Triki (Tunis), Susana Villavicencio (Buenos Aires).

IX

Philosophische Lehre und Demokratie in der Welt

Seit 1994 ist die Philosophie-Abteilung direkt angebunden an einen beigeordneten Generaldirektor[66]. Seitdem gibt es neue Schwerpunkte: das Programm ‹Demokratie und Philosophie in der Welt›, die ‹Philosophischen Treffen der UNESCO› und die UNESCO-Lehrstühle für Philosophie.

Die erste internationale Umfrage zur Lehre der Philosophie

Die UNESCO hatte 1951 und 1952 eine berühmt gewordene Untersuchung zur Lehre der Philosophie durchgeführt, insbesondere zu deren Ort in den Unterrichtssystemen verschiedener Länder, zur Rolle bei der Bildung des Bürgers und zur Bedeutung für die Suche nach einem besseren Verständnis zwischen den Menschen.[67] Der Abschlussbericht war von Georges Canguilhem, dem jungen, als Widerstandskämpfer ausgezeichneten Generalinspektor für Philosophie in Frankreich, angeregt und von Jacques Havet – er war als Mitglied der UNESCO-Abteilung für Philosophie und Geisteswissenschaften selbst an der Untersuchung beteiligt – mit einer allgemeinen Analyse der durch die Lehre der Philosophie aufgeworfenen Probleme veröffentlicht worden. Der Bericht umfasste auch eine Erklärung von Experten, welche besagte, dass die Lehre der Philosophie dort, wo es sie gebe, die Bedeutung zum Ausdruck bringe, welche die Gesellschaften dem philosophischen Denken beimäßen: Dort werde die Lehre der Philosophie für unverzichtbar dafür gehalten, sich die grundlegenden Probleme der Wissenschaft und der Kultur bewusst zu machen; dort gelte sie folglich als unverzichtbar auch für die Verhaltensorientierung, die von der freien persönlichen Reflexion über die Werte des menschlichen Lebens abhängig sei. Hieraus wurde gefolgert, man müsse diese Lehre, wo es sie gebe, aufrechterhalten, schützen und weiter

---

[66] Die fünf Programmbereiche der UNESCO werden jeweils von einem ‹beigeordneten Generaldirektor› geleitet. Anm. d. Übers.
[67] *Entschließung 4.41 der Sechsten Generalkonferenz vom Juni 1951.*

entwickeln, und dort, wo es sie noch nicht gebe, ins Leben rufen. *Das Expertenkomitee hielt für wesentlich:*

a) dass die Lehre der Philosophie immer im Geiste freier Forschung und freier Diskussion erfolge;

b) dass die Autonomie des Denkens und der philosophischen Lehre weder indirekt durch die Struktur der Institutionen, noch direkt durch die Intervention organisierter Macht beschädigt werde;

c) dass Lehre sich per definitionem ohne Diskriminierung an alle Mitglieder der Gemeinschaft richte, allein den schulischen Regeln des Wettbewerbs und der Orientierung am System der Erziehungsinstitutionen der Gemeinschaft folge und nicht seitens der Institutionen aus sachfremden Gründen bestimmten Schülern bzw. Studierenden vorbehalten werde, während andere ausgeschlossen würden.

Regionalstudien zur philosophischen Lehre und Forschung

Unter dem Vorsitz von Amadou-Mahtar M'Bow forderte die Generalkonferenz Studien über die philosophische Lehre und Forschung in jeder Weltregion ein; diese Studien sollten veröffentlicht werden. Es folgten Tagungen im Juni 1980 in Nairobi (Kenia)[68], im Februar 1983 in Bangkok (Thailand)[69], im Juni 1985 in Lima (Peru)[70] und in Beirut.[71] Ein Werk über die Philosophie in Europa wurde mit Unterstützung des *Institut International de la Philosophie* und des CIPSH im Jahre 1993 veröffentlicht.[72]

---

[68] *Teaching and Research in philosophy: Africa*, Paris, UNESCO, 1984.
[69] *Teaching and Research in philosophy: Asian and Pacific*, Paris, UNESCO, 1986.
[70] *La ensenanza, la reflexion y la investigacion filosoficas en America Latina y el Caribe*, Madrid, TecnosUnesco, 1990.
[71] *Etudes sur l'enseignement et la recherche en philosophie dans le monde arabe*, Beyrouth, Dar al-Guarb al-Islami, 1990.
[72] Vgl. *La philosophie en Europe*, sous la direction de Raymond Klibansky et David Pears, Paris 1993.

Demokratie und Philosophie in der Welt

Im Jahre 1994 kam Roger-Pol Droit wieder auf die Erhebung von 1951 zurück und aktualisierte und erweiterte sie; die Leitidee war, eine neue ‹Bauhütte› der Reflexion und Diskussion über den Ort der Philosophie in den heutigen Kulturen und in der Bildung des freien Urteils der Bürger einzurichten[73]; auf seine Anfrage antworteten Persönlichkeiten aus sechsundsechzig Ländern. Das Vorhaben bot zahlreichen Philosophen Gelegenheit, Berichte über die Philosophie und demokratische Prozesse in Afrika (Paulin Hountondji), in Chile (Cécilia Sanchez), im Deutschland nach 1990 (Ulrich J. Schneider), in Lateinamerika (Patrice Vermeren), in Nordamerika (Christian Delacampagne), über die Interdependenz zwischen Philosophie und Ökonomie (François Rachline), die elektronischen Medien (Luca Scarantino), die wissenschaftliche Lehre (Dominique Lecourt) sowie über die politische Philosophie und den Status des Bürgers (Etienne Tassin) zu verfassen. Es kamen Materialien im Umfang von 2000 Seiten zusammen; ein Taschenbuch wurde in Englisch, Französisch und Spanisch publiziert; es erreichte eine bemerkenswert hohe Auflage, und über die Ergebnisse wurde in vielen anderen Sprachen berichtet.

Am 15. und 16 Februar 1995 wurden in Paris internationale Studientage durchgeführt; die Teilnehmer bekräftigten

1) die Bedeutung der philosophischen Lehre für die Bildung der Bürger und die Notwendigkeit, sie in der Perspektive der einen menschlichen Vernunft in den verschiedenen Weltregionen weiterzuentwickeln,

2) die Notwendigkeit, eine zugleich auf das Buch, den Fernunterricht und audiovisuelle und EDV-gestützte Medien gestützte Pädagogik der Philosophie zu stärken,

3) die Notwendigkeit, den Zugang philosophischer Einrichtungen in bisher benachteiligten Ländern zum weltweiten elektronischen Netz zu erleichtern.

Dieses Programm sollte sich weiter entwickeln durch die Schaffung regionaler Netzwerke, um die man sich besonders aktiv in Südostasien be-

---

[73] Vgl. Roger-Pol Droit: *Démocratie et philosophie dans le monde, préface de* Federico Mayor, Paris 1995, S. 15.

mühte (konstituierende Sitzung des APEND-Netzes in Seoul, Korea, im September 1995[74] auf Initiative von In Suk Cha, gefolgt von einem Treffen in Bangkok); positive Entwicklungen waren ferner zu verzeichnen in Europa (Treffen des EPEND-Netzes im September 1996 in Sofia, Bulgarien, mit Alexander Andonov und Dominique Lecourt), in Lateinamerika und in der Karibik (Treffen in Santiago de Chile im Oktober 1996 unter der Leitung von Humberto Giannini[75]) sowie im September 1998 in Afrika (Treffen in Yamoussoukro, Elfenbeinküste, zur Gründung APHIDEM-Netzes unter Vorsitz von Tanela Boni-Koné). Das Programm wurde durch andere Initiativen ergänzt, insbesondere zur Philosophie für Kinder, durch eine Multimedia-Enzyklopädie der philosophischen Wissenschaften[76] oder das Programm ‹Wege des Denkens›; sie alle verfolgten das eine Ziel: die Verbreitung einer internationalen philosophischen Kultur.

Das Programm «Philosophie und Demokratie in der Welt» belegt – wie auch die anderen Beiträge des Philosophen Roger-Pol Droit – die Fruchtbarkeit der engen Beziehung zwischen einer lebendigen Philosophie und der UNESCO.

---

[74] Vgl. *Philosophy and Democracy in Asia*, edited by Philip Cam, In-Suk Cha, Mark Tamthai, Korean National Commission for UNESCO, 1997.

[75] Vgl. *Filosofia y Democracia*, edicion a cargo de Humberto Giannini y Patricia Bonzi, Catedra UNESCO de Filosofia, Chile, Santiago de Chile 1997.

[76] ‹Enciclopedia Multimediale delle Scienze Filosofiche›, unter der Schirmherrschaft u.a. der UNESCO; wissenschaftliche Leitung: Istituto Italiano per gli Studi Filosofici; aufgenommen und ausgestrahlt bzw. vertrieben vom italienischen Rundfunk- und Fernsehsender RAI: http://www.emsf.rai.it/ Anm. d. Übers.

Jacques Lacan

Der Traum des Aristoteles

Man macht einen Unterschied zwischen einem Objekt und dessen Repräsentation. Man weiß dies, um es sich mental zu repräsentieren. Es genügen Wörter, die – wie man sagt – die Repräsentation «evozieren», d.h. «herbeirufen». Wie begreift Aristoteles die Repräsentation? Wir wissen es nur durch das, was sich eine gewisse Anzahl von Schülern seiner Zeit gemerkt hat. Die Schüler wiederholen, was der Meister sagt. Aber unter der Bedingung, dass der Meister weiß, was er sagt. Wer urteilt hierüber, wenn nicht die Schüler? Also sind sie es, die wissen. Bedauerlicherweise – hier muss ich als Psychoanalytiker Zeugnis ablegen – träumen sie auch. Aristoteles träumte wie alle Welt. Ist er es, der sich verpflichtet sah, den Traum des Tyros belagernden Alexander zu deuten? Satyros – Tyros gehört Dir. Ein typisches Deutungs-Spiel.

Rührt der Syllogismus – Aristoteles hat sich seiner bedient – vom Traum her? Man muss feststellen, dass der Syllogismus stets hinkt – im Prinzip ist er dreigliedrig, tatsächlich ist er aber die Anwendung des Universellen auf das Besondere. «Alle Menschen sind sterblich», also ist es auch einer unter ihnen. Freud kommt darauf und sagt, dass der Mensch dies begehrt.

Der Beweis ist der Traum. Es gibt nichts Fürchterlicheres, als zu träumen, man sei dazu verdammt, in Wiederholung zu leben. Daher die Idee des Todestriebes. Die Freudo-Aristoteliker, die den Todestrieb zum Obersatz machen, unterstellen einen Aristoteles, der das Allgemeine und das Besondere zusammenfügt, d.h. sie machen aus ihm so etwas wie einen Psychoanalytiker.

Der ‹Psychoanalysant›[77] syllogisiert bei Gelegenheit, d.h. er aristotelisiert. So verewigt Aristoteles sein Meisterrecht. Dies bedeutet nicht, dass

---

[77] Vor 1967 bezeichnete Lacan jemanden in psychoanalytischer Behandlung als ‹Patienten› bzw. ‹Psychoanalysierten›. 1967 führte er den vom Gerundivum ‹der zu Psychoanalysierende› abgeleiteten Neologismus ‹*(psych)analy-*

er lebt – er überlebt in seinen Träumen. In jedem Psychoanalysanten gibt es einen Aristoteles-Schüler. Man muss allerdings sagen, dass sich das Allgemeine gelegentlich im Gestammel realisiert.

Dass der Mensch stammelt, ist gewiss. Hierin legt er Entgegenkommen – wie sich dies auch in der Tatsache zeigt, dass der Psychoanalysant zur vereinbarten Zeit beim Psychoanalytiker eintrifft. Er glaubt an das Allgemeine, und man weiß nicht warum, denn als besonderes Individuum überlässt er sich der Behandlung durch denjenigen, den man einen Psychoanalytiker nennt.

Insofern der Psychoanalysant träumt, muss der Psychoanalytiker eingreifen. Geht es darum, den Psychoanalysanten aufzuwecken? Der aber will dies auf keinen Fall – er träumt, d.h. er hält an der Besonderheit seines Symptoms fest.

Aristoteles› *Peri psyches* (Über die Seele) hat nicht die geringste Ahnung von dieser Wahrheit, die den Widerstand der Psychoanalyse ausmacht. Deshalb widerspricht Freud Aristoteles, der hinsichtlich der Sache mit der Seele nichts über das Gute[78] sagt – wenn überhaupt etwas von dem, was geschrieben übrig blieb, als wahrheitsgetreue Aussage zu nehmen ist.

Die definitorische Unterscheidung – «to horismon»[79] – zwischen «to ti esti» und «to ti en einai», die man als «Wesen» bzw. «Substanz» übersetzt, widerspiegelt einen Unterschied im Realen, den zwischen dem Verbalen und dem von ihm affizierten Realen. Dies habe ich selbst in den Termini ‹symbolisch› und ‹real› unterschieden.

Wenn es, wie ich gesagt habe, wahr ist, dass es kein Geschlechtsverhältnis, d.h. im Menschengeschlecht kein weibliches Allgemeines und kein «alle Frauen» gibt, dann ergibt sich daraus, dass es zwischen dem Psychoanalysanten und dem Psychoanalytiker immer ein Zusätzliches gibt.

sant› ein, um zum Ausdruck zu bringen, dass in der Psychoanalyse nicht der Analytiker, sondern der ‹sich Analysierende› die Hauptaktivität leiste. Anm. d. Übers.

[78] Im französischen Original «rien de bon» (nichts Gutes); «nichts über das Gute» entspricht der Argumentation Lacans zu Freud und Aristoteles in seinem Seminar über *Die Ethik der Psychoanalyse*. Anm. d. Übers.

[79] Vgl. Aristoteles, *Metaphysik* Buch a, 993b – 994b. Anm. d. Übers.

Es gibt das, was ich nicht als Repräsentation, sondern als Präsentation des Objekts bezeichne. Diese Präsentation ist es, die ich bei Gelegenheit ‹Objekt a› nenne. Es ist von extremer Komplexität. Aristoteles vernachlässigt dies, weil er glaubt, es gebe eine Repräsentation, und dies zieht nach sich, was Freud schreibt. Aristoteles denkt die Welt – er schließt nicht daraus, dass sie deswegen ist –, und darin träumt er, wie das, was man ‹alle Welt› nennt, es tut, d.h. die Leute. Die Welt, die er denkt, träumt er, wie alle diejenigen, die sprechen. Das Ergebnis ist, dass es – ich habe es bereits gesagt – die Welt ist, die denkt. Die erste Sphäre ist das, was er den «nous» nennt.

Man kann nicht wissen, in welchem Maße der Philosoph stets deliriert. Gewiss deliriert auch Freud. Er deliriert, aber er notiert, dass er von Zahlen und Oberflächen spreche. Aristoteles hätte die Topologie voraussetzen können, aber davon zeigt sich keine Spur.

Ich habe vom Wecken gesprochen. Es passt dazu, dass ich kürzlich geträumt habe, der Wecker läute. Freud sagt, man träume vom Wachwerden, wenn man auf keinen Fall aufwachen wolle. Bei Gelegenheit zitiert der Psychoanalysant Aristoteles. Dies ist Teil seines Materials. Also gibt es immer vier Personen zwischen dem Psychoanalytiker und dem Psychoanalysanten. Gelegentlich bringt der Psychoanalysant Aristoteles bei. Doch der Psychoanalytiker hat hinter sich sein Unbewusstes, dessen er sich bei Gelegenheit bedient, um eine Deutung zu geben.

Dies ist alles, was ich sagen kann. Dass ich in meinem Traum den läutenden Wecker halluziniere, halte ich für ein gutes Zeichen, denn im Gegensatz zu dem, was Freud wollte, kommt es vor, dass ich aufwache. Zumindest bin ich in diesem Fall aufgewacht.[80]

UNESCO, 1. Juni 1978
Aus Anlass von Aristoteles' 2300. Todestag

---

[80] Für seine Prüfung meiner Übersetzung danke ich dem Lacan-Übersetzer Dr. Hans-Dieter Gondek. Anm. d. Übers.

X

Von Santiago de Chile nach Seoul, von Tunis
nach Montreal, von Ankara nach Caracas und Paris:
Die UNESCO-Lehrstühle für Philosophie

Zur selben Zeit, als die UNESCO die Philosophie zu ihrer eigenen Sache machte, ging sie auch Schritte auf die Philosophie zu. Entsprechend der regulativen Idee, in jeder Weltregion Kristallisations- und Ausstrahlungspunkte der Philosophie zu etablieren, war die zweite originäre, in diesem Jahrzehnt im Bereich der Philosophie eingeleitete Initiative, UNESCO-Lehrstühle für Philosophie im Rahmen des UNITWIN-Programms (*University Twinning and Networking Programme*) einzurichten. Sie wurden ab 1991 eingerichtet. Was ist ein UNESCO-Lehrstuhl für Philosophie? Einem Forscher des französischen *Centre national de recherche scientifique* zufolge, der in der Philosophie-Abteilung der UNESCO[81] fünf Jahre lang Beauftragter für dieses Programm war, handelt es sich zunächst einmal um einen Exzellenz-Pol lebendiger Philosophie, einer Philosophie, die von einer Tradition gestützt wird, deren Modernität nicht in der Wiederholung des Alten, sondern in der Aufdeckung des Neuen besteht. Ein UNESCO-Lehrstuhl ist ein privilegierter Ort des Austauschs von Lehrenden, Forschern und hochqualifizierten Studierenden mit dem Ziel, ihr Wissen zu teilen. Letztlich ist er – nach dem Vorbild der Demokratie – eine Bühne für den freien Ausdruck des Dissenses, der den Pluralismus der Bezugspunkte und der Schulen akzeptiert, den Dialog über alle Grenzen hinaus sucht und im Namen des Rechts auf Philosophie nach der Gemeinschaft Gleicher in der philosophischen Arbeit der Reflexion verlangt. Ein UNESCO-Lehrstuhl für Philosophie hat entsprechend seinem natürlichen Ort, der Universität, den Auftrag, die Strenge der philosophischen Reflexion mit den Problemen der gegenwärtigen Welt zu konfrontieren und diese Reflexion für eine möglichst große Zahl von Menschen

---

[81] Vgl. Patrice Vermeren: Qu'est-ce qu'une Chaire UNESCO de Philosophie?, in: *Philosophie*, Nr. 3, 1996.

zugänglich zu machen, denn sie ist ein wesentliches Element der Sensibilisierung für die Werte der Demokratie und für die Kultur des Friedens.

Die Wahl der Orte für die Institutionalisierung dieser Lehrstühle wie auch die Wahl der Themen und der Lehrstuhlinhaber blieb nicht dem Zufall überlassen. Der erste wurde mit der Thematik *Öffentlicher Raum und Erfahrung der Pluralität* in *Santiago de Chile* gegründet. Er widmete sich dem Projekt einer Neubearbeitung der Begriffe des Wissens, des Vernunftgebrauchs, des Dialogs, der Wahrheit, der Ethik, der Macht, der Demokratie, der Nation und der Identität. Man nahm zur Kenntnis, dass sich nach dem Ende des ideologischen Antagonismus zwischen den Großmächten der Welt und dem Zerbrechen der Militärdiktaturen in Lateinamerika, die zu einer allgemeinen Entpolitisierung der Gesellschaften und zur Verhinderung jeglicher reflexiver Aktivität im Bereich des Politischen geführt hatten, ein demokratisches Zusammenleben ergeben hatte, das aber maskierten und unbewussten Formen der Zensur ausgesetzt war und unter einem Mangel an echter philosophischer Kritik der Politik litt. Die ersten Arbeiten am Lehrstuhl waren der Untersuchung des modernen Toleranzkonzepts gewidmet. Sie zeigten auf, dass dieses Konzept als Idee und als Ideal einer Lebenserfahrung bzw. einer gemeinschaftliche Erfahrung nicht aus dem Rationalitätsideal der Aufklärung entstehen konnte und warum wir gegenüber dem Nichttolerierbaren nicht tolerant sein können. Sie führten auf folgende radikale Frage zurück: Was können Menschen ertragen? Was ist das Gemeinsame, das Menschen teilen? Lehrstuhlinhaber wurde Humberto Giannini, Professor für antike und mittelalterliche Philosophie an der Fakultät für Philosophie und Geisteswissenschaften der Universität von Chile; er hatte bereits den Nationalpreis für Philosophie seines Landes erhalten. In seinem bemerkenswerten Werk – es wurde in Frankreich von Paul Ricœur, der es als ungewöhnlich und erstaunlich würdigte, mit einer Einleitung versehen – warf er die Frage nach der Möglichkeit eines Zusammenlebens auf, das sich nicht auf ein armseliges kollektives Leben reduziert.

Dieser Lehrstuhl veranstaltet seit 1994 ständig Seminare und versammelt anlässlich philosophischer Ereignisse in großer Zahl Philosophen, Professoren und Studierende aus ganz Lateinamerika und der übrigen Welt. Es ist hier nicht möglich, alle Veranstaltungen aufzulisten; nur einige seien genannt: Mit dem Kolloquium «Spinoza» wurde im Moment des demokratischen Übergangs dessen *Ethik* und *Tractatus theologico-politicus* gewürdigt – ein, wie Humberto Giannini in einem Dossier zu dieser Veranstaltung in *El Mercurio* vom 4. Juni 1995 ausführte, *gegenüber der Demokratie kritisch eingestellter Spinoza, der die Notwendigkeit eines Regimes betonte, das der Partizipation bei der Ausübung der Staatsbürgerrechte breiteren Raum einräumte.*[82] Erwähnt seien auch der internationale Kongress «Philosophie und Demokratie in Lateinamerika und in der Karibik»»[83] im Jahre 1996, eine Ehrung José Echeverrias und die zweite Tagung unter dem Titel «Demokratische Staatsbürgerlichkeit, philosophische Erziehung und Friedenskultur in Lateinamerika und in der Karibik» 1997.[84]

Der UNESCO-Lehrstuhl für Philosophie in Caracas (Venezuela) mit Sitz am *Instituto de Estudios Avanzados* der Universidad Simon Bolivar hat den *Europäisch-lateinamerikanischen philosophischen Dialog* als Thema gewählt. Man widmet sich hier vorrangig der Untersuchung der epistemologischen Grundlagen des wissenschaftlichen Wissens sowohl im Bereich der Mathematik und Naturwissenschaften als auch der sozialen, politischen und ethischen Wissenschaften zu den Europa und Lateinamerika gemeinsam interessierenden philosophischen Problemen. Der Lehrstuhlinhaber, Ernesto Mayz Vallenilla, Professor für Philosophie an der Universidad Simon Bolivar, hat Heideggers Technikkritik wieder aufgenommen und die Vorurteile und Folgen des Einflusses der Vernunft im Westen in Frage gestellt; er hat einen neuen ‹metatechnischen Logos› ins Spiel gebracht, der nach seiner Auffassung geeignet ist, die jüngsten wissenschaftlichen und technischen Forschungen begreifbar zu machen. Dieser Lehrstuhl zeichnete für wichtige Veranstaltungen verantwortlich, so z.B. 1997 für das Kolloquium «Demokratische Staatsbürgerlichkeit, philosophische Erziehung und Friedenskultur in Lateinamerika und in der Karibik». Der Hauptakzent liegt auf dem Austausch philosophischer Persönlichkeiten und auf der Organisation von Seminaren mit dem Ziel, zur

---

[82] Vgl. *Spinoza et la politique*, hg. v. Humberto Giannini, Pierre François Moreau und Patrice Vermeren, Paris 1995.

[83] Vgl. *Congreso Latinoamericano sobre Filosofia y Democracia*, hg. v. Humberto Giannini und Patricia Bonzi, Santiago de Chile 1997.

[84] Vgl. *Memoria y identidad*, hg. v. Rodrigo Alvayay, Humberto Giannini und Sonia Saenz, Buenos Aires 2000.

Ausbildung von hochqualifizierten Forschern und Professoren in der Philosophie und – unter besonderer Berücksichtigung der Interaktion der Philosophie mit der Kultur und den Wissenschaften – zum philosophischen Dialog auf nationaler, regionaler, interregionaler und internationaler Ebene beizutragen. Im Verlag Monte Avila wurde eine wichtige Buchreihe veröffentlicht.[85]

Der für Europa zuständige UNESCO-Lehrstuhl für Philosophie in Paris mit der Thematik *Philosophie der Kultur und der Institutionen* hat seinen Sitz an der Université Paris 8. Er ist der Aufgabe gewidmet, die Bedingungen des Wahrheitsurteils zu identifizieren und gegebenenfalls zu rekonstruieren; dies soll es der Kultur und den Institutionen ermöglichen, das Wahrheitsurteil im Bereich des Handelns, des Wünschens und der Kreativität auf so objektive Weise geltend zu machen, und zwar so, wie für die Wissenschaften angenommen wird, dass sie seine Gültigkeit im Bereich der Erkenntnis verifizieren. Dieser Lehrstuhl hat seine europäische Ausrichtung im Bewusstsein, dass der eurozentrische Machtwille, der seit der Moderne eine blinde praktische Vernunft durchdrungen hat, überwunden werden muss; und zwar so überwunden, dass das kulturelle und soziale Leben der theoretischen Urteilskraft unterzogen ist, die stets die Kultur und die Institutionen dazu inspiriert und angeleitet hat, Räume wechselseitiger Emanzipation zu schaffen. Es geht also darum, der philosophischen Reflexion als jener Lebensform Anerkennung zu verschaffen, die an der Wahrheit als alleiniger und einzigartiger Bedingung individueller und kollektiver Freiheit teilhaben lässt. Für diesen Lehrstuhl ist Professor Jacques Poulain verantwortlich, bis vor kurzer Zeit Direktor der Abteilung Philosophie an der Université Paris 8. Er hat seit mehr als dreißig Jahren an einer Kritik der Pragmatik und des blinden Konsenses gearbeitet, um das bereits in jeder Kommunikation, Kultur und Institution[86] wirkende kritische philosophische Urteil wieder in sein Recht einzusetzen. Er hat seit dem ersten von ihm im Jahre 1997 durchgeführten

---

[85] In dieser Reihe des UNESCO-Lehrstuhls für Philosophie in Caracas wurden u.a. publiziert: Javier Sasso: *La filosofia latino-americana y las construcciones de su historia*; Ernesto Mayz Vallenilla: *Invitación al pensar del siglo XX*; Masimo Desiato: *Nietzsche*.

[86] Vgl. Jacques Poulain: *La condition démocratique, leçon inaugurale de la Chaire UNESCO de Philosophie de Paris*, Paris 1998.

Seminar «Recht, Demokratie und öffentlicher Raum» eine beachtliche Aktivität entfaltet. An diesem Seminar nahmen Richard Rorty und Jürgen Habermas teil, denen bei diesem Anlass die Ehrendoktor-Würde der Université Paris 8 verliehen wurde.[87] Dieser UNESCO-Lehrstuhl hat nachhaltig und in noch nie dagewesener Weise eine internationale philosophische Bühne geboten – auch in Form zahlreicher Veröffentlichungen[88] – und die Gründung eines vom Europarat unterstützten Europäischen Kulturinstituts veranlasst.

Der *UNESCO-Lehrstuhl für Philosophie in Seoul* (Republik Korea) richtet sein Augenmerk auf *Die Verbreitung der Philosophie und die Demokratie*. Unter der Leitung von In-Suk Cha, Professor an der Seoul National University, geht es um Mittel und Wege der Verbreitung philosophischen Wissens und um die demokratische Idee aus Sicht der asiatischen, mit der Moderne konfrontierten Kulturen. Der Lehrstuhl ist eingebunden in die Aktivitäten von APPEND (Asia and Pacific Philosophy Education Network for Democracy) und organisiert alle zwei Jahre Kolloquien: Philosophie und Demokratie in Asien (Seoul 1996), Philosophieunterricht für das neue Jahrtausend (Bangkok 1998), Wissenschaft und Werte (Tokio 2000); die Ergebnisse wurden veröffentlicht.[89] Anlässlich des vierten Treffens in Sidney (2002) haben APPEND und der UNESCO-Lehrstuhl für Philosophie eine bedeutende Zeitschrift für Philosophie auf den Weg gebracht; sie ist ein besonders wichtiger Ort des Dialogs und des Aus-

---

[87] Die UNESCO-Lehtstühle haben es ermöglicht, Ehrendoktor-Würden zu verleihen, so an der Université Paris 8 an Richard Rorty, Jürgen Habermas, Humberto Giannini und Marilena de Souza Chaui.

[88] Vgl. u.a. Jacques Poulain (dir): *Les possédés du vrai ou l'enchaînement pragmatique de l'esprit*, Paris 1998; *Guérir de la guerre et juger la paix*, Colloque à l'UNESCO, Préface de Daniel Janicot, Paris 1998; *Penser au présent*, Paris 1999; *La modernité en questions*, Paris 1999.

[89] Vgl. *Philosophy and democracy in Asia*, und *Teaching Philosophy for democracy*, Edited by Philip Cam, In-Suk Cha, Mark Tamthai, Korean National Commission for UNESCO, 1997/1998, Schriftenreihe des UNESCO-Lehrstuhls für Philosophie in Seoul.

tauschs für die aus historischen Gründen bisher zersplitterte philosophische Gemeinschaft in Asien und in der Pazifikregion.[90]

Der *UNESCO-Lehrstuhl für Philosophie in Tunis* (Tunesien) widmet sich der Thematik *Philosophie und Erfahrung der Alterität* im Dialog zwischen Europa und dem Mittelmeerraum. Hier geht es um die philosophische Frage der Erfahrung des Anderen, die die Konstruktion jeder Gesellschaft betrifft, um die Konsolidierung der Gemeinschaft und um die Konstitution der Subjektivität. Wie begreift eine Gesellschaft ‹ihren Anderen›? Wie werfen in einer Gemeinschaft deren unterschiedliche Mitglieder einen bestimmten Blick auf das, was ihnen nicht gleicht? Wie ist die Erkenntnis des Anderen – des Fremden, des anderen Geschlechts, der Tiere, der Natur – denkbar? Verantwortlich für diesen Lehrstuhl ist Professor Fathi Triki, der an der Universität Tunis lehrt; er ist Autor eines teils in Arabisch, teils in Französisch verfassten und in mehrere andere Sprachen übersetzten philosophischen Werks, in dem er systematisch die Themen ‹Hospitalität›, ‹Alterität›, ‹Zivilität› und ‹Islamität› behandelt.[91] Seit 1997 wurden an diesem Lehrstuhl zahlreiche bedeutende Kolloquien, Vorlesungen und Vorträge organisiert. Der Lehrstuhl hat Ausstrahlung in die arabische Welt und in den ganzen Mittelmeerraum; er hat seine Fühler auch an die Université de Constantine (Algerien) ausgestreckt.[92]

Der *UNESCO-Lehrstuhl für Philosophie in Ankara* (Türkei) hat die Thematik *Philosophie der Menschenrechte* mit dem Ziel gewählt, die Grundlagen der Menschenrechte, deren Anspruch auf Universalität und das Modell der Strukturierung der Normen zu analysieren, auf denen sie fußen.

---

[90] *Humanitas Asiatica*, An International Journal of Philosophy, Seoul. Vgl. Vol. 2, no. 1, Dec. 2001: Philosophy and Praxis.

[91] Vgl. Fathi Triki: *Demokratische Ethik und Politik im Islam. Arabische Studien zur transkulturellen Philosophie des Zusammenlebens.* Aus d. Franz. übers. v. Hans Jörg Sandkühler, Weilerswist 2011. Anm. d. Übers.

[92] Von 2000 bis 2010 haben in Tunis, Bremen und Paris Kolloquien zur transkulturellen Philosophie stattgefunden, die von den UNESCO-Lehrstühlen in Tunis und Paris und vom Zentrum Philosophische Grundlagen der Wissenschaften bzw. von der Deutschen Abt. ‹Menschenrechte und Kulturen› des Pariser Lehrstuhls an der Universität Bremen organisiert wurden. Zu den hieraus entstandenen Veröffentlichungen vgl. das Nachwort von Jacques Poulain in diesem Band. Anm. d. Übers.

Professor Ioanna Kuçuradi, die den Lehrstuhl leitet, hat sich in der Verteidigung der Menschenrechte einen Namen gemacht und an der Universität Hacettepe in Ankara ein Internationales philosophisches Menschenrechte-Studienzentrum gegründet. Sie war Präsidentin der *Fédération Internationale des Sociétés de Philosophie* (FISP). Seit 1998 hat sie regelmäßig in der Türkei und in der übrigen Welt Kolloquien zu den Menschenrechten organisiert, für die sich nicht nur Philosophen interessieren, sondern auch viele, die in Universitäten, im Staat oder in der Zivilgesellschaft für ihren Schutz und ihre Anwendung kämpfen.[93]

Der *UNESCO-Lehrstuhl für Philosophie in Montreal* (Canada) widmet sich dem *Studium der philosophischen Grundlagen der Gerechtigkeit und der demokratischen Gesellschaft*. Gefragt wird nach der Gerechtigkeit und nach den Ambiguitäten ihrer Konzeptualisierung in den zeitgenössischen Gestalten des Neoliberalismus und Multikulturalismus. Unter der Verantwortung von Josyane Boulad Ayoub, Professor für Philosophie an der Université du Québec in Montréal und Spezialist für politische Philosophie und Rechtsphilosophie, wurden zahlreiche Reflexionsforen eingerichtet und Seminare mit Video-Übertragungen von Vorträgen über die Globalisierung und den Rechtsstaat, soziale Gerechtigkeit und neoliberale Ökonomie, die Demokratie in allen ihren Formen, das Universelle und das Partikuläre sowie über die Ungewissheiten der Solidarität etc. organisiert. Der Lehrstuhl ist interdisziplinär ausgerichtet und verwirklicht in Zusammenarbeit mit mehreren afrikanischen Ländern eine enge Nord-Süd-Verbindung.[94]

Die bis 2003 acht und inzwischen dreizehn UNESCO-Lehrstühle für Philosophie[95] stellen heute eine nicht zu umgehende Erfahrung für jegliche Politik der UNESCO im Bereich der Philosophie dar – nicht zu umgehen deshalb, weil mit dieser Erfahrung eine neuartige und nachhaltige Beziehung zwischen dem Innen und dem Außen der Institution eingeläutet ist. Vorausgesetzung ist allerdings, dass die UNESCO nicht an die Stelle der philosophischen Gemeinschaften in der Welt treten will, sondern die Not-

---

[93] *Human Rights in Turkey and the World in the Light of Fifty-years Experience*, Ioanna Kucuradi (dir.), Ankara, Hacettepe University, 2000.
[94] Siehe: http://www.philo.uqam.ca.
[95] Siehe die Liste der Lehrstühle im Anhang. Anm. d. Übers.

wendigkeit verspürt, aus ihnen die Grundlagen für die konzeptuelle Arbeit an ihren Idealen zu schöpfen. Mit diesen Idealen war, wie man gesehen hat, schon immer verbunden, dass die UNESCO angemessene internationale Instrumentarien für den Fortschritt der philosophischen Studien verfügbar macht und die Philosophie in den Dienst der internationalen Erziehung und Bildung der Menschen und der Qualifizierung der öffentlichen Meinung stellt.

XI

Von philosophischen Begegnungen zu einem Internationalen UNESCO-Tag der Philosophie: Geteilte Philosophie

Die UNESCO geht auf die Philosophie zu, und zugleich wenden sich die Philosophinnen und Philosophen an die UNESCO. Dies traf im Augenblick ihrer Gründung zu – in Form des anlässlich der Generalkonferenzen organisierten ‹Monats der Philosophie› –, und dies bewahrheitete sich in allen Vorträgen, Kolloquien und Gedenkfeiern, die im Verlauf von inzwischen mehr als sechzig Jahren durchgeführt wurden. Die 1990er Jahre führten zu zwei neuen Vorhaben, die in der Notwendigkeit gründeten, der Welt zu zeigen, dass die UNESCO mehr denn je das Haus der Philosophie sein muss. Wie vollzog sich der Übergang von philosophischen Begegnungen zum UNESCO-Tag der Philosophie?

Die Arbeit der Philosophie öffentlich machen

Die *Rencontres philosophiques* (Philosophische Begegnungen) entsprachen einem Anliegen des UNESCO-Generaldirektors der 1990er Jahre, Federico Mayor; sie wurden von Ayyam Wassef-Sureau organisiert, um Philosophen, Wissenschaftler und Künstler verschiedener Nationalitäten mit einer gemeinsamen Fragestellung zusammenzubringen und so einen Raum der Reflexion und des öffentlichen Dialogs zu eröffnen. Mit ihrer Vorbereitung wurde ein Kollegium betraut, dem zunächst Judith Schlanger, Eshan Naraghi, Nicole Darnell und Jean d'Ormesson angehörten. Es ging nicht darum, zu einem Konsens zu gelangen, sondern *der Vielfalt der Meinungen, Abweichungen und Widersprüchen, ja selbst der Unordnung Raum zu geben; es ging darum, Zeit für die manchmal langwierige und schwierige Reflexion zu haben, die Gesten, das Zögern, die Gesichter sichtbar und die Stimmen – auch die der Öffentlichkeit – hörbar werden zu lassen.* Die ersten Begegnungen fanden im März 1995 zu der Frage *Qu'est-ce qu'on ne sait pas?* (Was weiß man nicht?) statt – eine symbolische Frage, die von der Institution am Vorabend ihres fünfzigsten Gründungstages zu den Überlappungen von Nichtwissen und Wissen aufgeworfen wurde und zu den paradoxen Auseinandersetzungen, in denen geltend gemacht wurde, Fortschritte im Wissen erweiterten zugleich den Horizont dessen, was man nicht weiß. Unter vielen anderen waren daran Bernard Williams und Paul Ricœur, Stephen Jay Gould und Haïm Zafrani, Mustafa Safouan und Dorothy Blake, In-Suk Cha und René Thom, Roger-Pol Droit und Jean d'Ormesson beteiligt. Im Jahr darauf, im März 1996, wurde die Frage so gestellt: *Qui sommes-nous?* (Wer sind wir?) Dieses «Wir» verweist dem amerikanischen Philosophen und Mitglied des neuen Kollegiums Richard Rorty zufolge keineswegs auf den biologischen Begriff der menschlichen Rasse, sondern verlangt nach einer Wahl *zwischen einer Kultur, in der das «Wir» «uns» bezeichnet, «uns, gebildete und hinreichend vernünftige Leute, die nicht hart arbeiten müssen, um doch vor Hunger zu sterben», und einer anderen Kultur, in der das «Wir» «alle Bürger und alle Mitgliedstaaten der Vereinten Nationen» bedeutet.* Das «Wir» konfrontiert unausweichlich mit der Frage nach den Reichen und den Armen. An dieser Begegnung nahmen Souleymane Bachir Diagne und Gianni Vattimo, Geneviève Fraisse und Pilar Echeverria de Ocariz, Axel Honneth und Gilles Châtelet, Vitali Tselishchev und Angèle Kremer-Marietti teil.

Die dritte Begegnung organisierte im September 2003 Jérôme Bindé, der stellvertr. Beigeordnete Generaldirektor für die Sozial- und Geisteswissenschaften. Hierfür wurde die Problemstellung erneut verändert; sie lautete nun: «*Qui sait?*» (Wer hat Wissen?) Hieran nahmen insbesondere teil: Luc Montagnier, Patilin Hountondji, Kristof Nyiri, Régis Debray, Peter Scott, Jacques Attali, Jean-Joseph Goux, Elia Zureik, Tadao Takahashi, Dominique Lecourt, Julia Kristeva, Youri Afanassiev, Hide Ishiguro, Souleymane Bachir Diagne und Jean D'Ormesson. Es ging darum, die (in-)aktuellsten Fragen über die Genese und die Bedingungen der Schaffung und Verbreitung, der Aneignung oder des Entzugs des Wissens zum Zeitpunkt der Globalisierung zu formulieren, und dies in der Perspektive, ihr ein menschlicheres Antlitz zu verleihen.

Die Ethik als Problem – zwischen dem Universellen und der Menschheit

Die UNESCO kann auf die Philosophen und die Philosophie nicht verzichten. Die Philosophen gewinnen mit ihr vielleicht ein Forum des Austauschs, das die philosophische Arbeit öffentlich macht. Die UNESCO kann ihrerseits nicht aufhören, ihren Auftrag als internationale Institution zu hinterfragen und immer wieder bei der Gleichheit einer Gemeinschaft der Intelligenz anzusetzen, die die universelle Möglichkeit des Dialogs eröffnet.[96]

Richard Rorty hatte sich vorgenommen, *die moralische Bilanz der reichen Gesellschaften zu ziehen*. Eine andere Art und Weise, die Frage der Moral aufzuwerfen, war, über die Bedingungen der Möglichkeit einer Ethik für das 21. Jahrhundert nachzudenken. Dementsprechend wurde anlässlich mehrerer Treffen – von Paris bis Neapel (1997), von Seoul bis Porto-Novo und Lund (1999) –, die in Paris im September 2001 in der Veröffentlichung eines Berichts gipfelten[97], das Programm einer universellen Ethik erörtert. Die Initiative ging von Yersu Kim aus, der für eine Abteilung verantwortlich wurde, bei deren Bezeichnung zum Namen der Philosophie der der Ethik hinzugefügt wurde. Auf dieser durchaus auch von Polemik geprägten Szene diskutierten diejenigen, die nach dem Konzept einer universellen Ethik suchten: von Hans Küng bis zu Michael Walzer, Onuma Yausaki, Karl-Otto Apel, Jacques Poulain und Osvaldo Guariglia. Es ging darum, die Frage wieder aufzuwerfen, die eine Frage bleiben sollte – die nach der Universalität der Begründung der Ideale der UNESCO. Mit auf dem Spiel standen aber auch die beiden Arten und Weisen, das Universelle zu bestimmen: Die eine wollte den kleinsten gemeinsamen Nenner der Sprachen, kulturellen Werte und Völker auf dem Wege der Faktensammlung finden; die andere wollte von den Unterschieden absehen und das rationale Ideal dessen entwerfen, was Realität wer-

---

[96] Ayyam Wassef: *Qu'est-ce qu'on ne sait pas?*, in: *Diogène*, janvier-mars 1995. Vgl. auch: *Qu'est-ce qu'on ne sait pas? Les rencontres philosophique de l'UNESCO*, und *Qui sommes-nous?*, Textes présentés et établis par Ayyam Sureau, Paris 1996 und 1997.

[97] *L'Éthique pour le XXIe siècle*. 21-22 septembre 2001. Organisé par la Division des sciences humaines, de la philosophie et de l'éthique des sciences et des technologies. Rapport, [Social and Human Sciences], SHS-2001/WS/14.

den könnte. Diese philosophische Debatte war eine für jede UNESCO-Aktivität im Bereich der Ethik notwendige Voraussetzung; sie ging weit über die Philosophie hinaus – bis in die Bioethik und die Ethik der Wissenschaften und der neuen Technologien –, konnte aber auf die Philosophie nicht verzichten. Denn es ging, wie es Mireille Delmas-Marty ausdrückte, ganz einfach darum, *die Grenzen abzustecken, die beim Schutz des Humanen nicht überschritten werden dürfen.*

Was bedeutet heute Menschheit, was Humanität? Es handelt sich, wie beim Begriff des Universellen, um ein Konzept, das *dekonstruiert* oder *rekonstruiert* werden muss. Am 15. und 16. Februar 2001 organisierte die UNESCO Treffen ihrer Lehrstühle für Philosophie, Bioethik, Menschenrechte, Demokratie und Toleranz, um hierüber zu diskutieren. Unterstützt wurde sie von Michèle Gendreau-Massaloux, der Rektorin der *Agence Universitaire de la Francophonie*; an dem Treffen nahmen teil: Tanela Boni-Koné (Abidjan), Josyane Boulad-Ayoub (Montréal), Michael Benedikt (Wien), Bérard Cénatus (Port au Prince), Bachir Diagne (Dakar), Ivaylo Ditchev (Sofia), Stéphane Douailler, Roger-Pol Droit (Paris), Artan Fuga (Tirana), Paulin Hountondji (Cotonou), Wolfgang Kaempfer (Heidelberg), Abdoulaye Elimane Kane (Dakar), Ioanna Kuçuradi (Ankara), Georges Kutukdjian (Direktor der UNESCO-Abteilung für Bioethik, die gerade mit der Philosophie-Abteilung verschmolzen worden war), Kimani Wa Njoroge (Nairobi), Oscar Nudler (Bariloche), Jacques Poulain (Paris), Gloria Ramirez Hernandez (Mexico), Mark Tamthai (Bangkok), Fathi Triki (Tunis), Patrice Vermeren (Paris), Maria Dolores Vila Coro (Madrid), Susana Villavicencio (Buenos Aires) und Christoph Wulf (Berlin).

Fathi Triki zog mit folgenden Worten eine der möglichen Schlussfolgerungen aus dieser Debatte: *Die demokratische Ethik kann eine bisher durch Abstammung, Nähe und Herkunft definierte Sozialität in ein Zusammenleben transformieren, das niemanden ausschließt und offen ist gegenüber dem Anderen, dem Fremden und allen Menschen. Die Menschheit und die Humanität können sich heute nur gegen den tele-*

techno-wissenschaftlichen Solipsismus und nur durch andauernde kreative Anstrengung für ein demokratisches Zusammenleben verwirklichen.[98]

Der Tag der Philosophie

Die bis 2003 letzte Initiative der UNESCO im Gebiet der Philosophie war der *Tag der Philosophie*, der bald zum *Welttag der Philosophie* werden sollte. 2002 eingeführt, vereint er die philosophischen Gemeinschaften aller Länder, in denen er feierlich begangen wird. Sein Prinzip ist – wie der Generaldirektor ausführte – der philosophische Akt: «*Es ist der philosophische Akt selbst, dieser Akt der Reflexion, der Analyse und des Infragestellens – sei es für gültig gehaltener Konzepte, sei es mit der Zeit stumpf gewordener Ideen oder seit langer Zeit akzeptierter Paradigmen –, den ich unterstützen und stärken möchte.*»[99] Es sollte ein gemeinsamer philosophischer Akt des Gegenwartsbezugs der Philosophie sein, eine Aktualisierung des Rechts auf Philosophie für alle. Dies belegen die Themen der Rundtischgespräche am Sitz der UNESCO im Jahre 2002: Philosophie und kulturelle Vielfalt; Philosophie und Wissen; Gerechtigkeit, Armut und Frieden in der Welt; Philosophie und Befreiung; Wissenschaft und Ethik sowie Philosophie und Medien. Im Jahre 2003 lauteten die Themen: Der philosophische Dialog rund um das Mittelmeer; Die Philosophie und die Probleme der Gegenwart; Wissen und Macht; Krieg und Versöhnung; Gerechtigkeit und Globalisierung; Die Stadt und die Philosophie; Volksphilosophie; Die Menschenrechte und die Pluralität der Kulturen; Rationalität und Information; Die Zukunft der Kunst oder Der Alarmruf des Leibes. Alle philosophischen Institutionen sind einbezogen, vom *Institut International de la Philosophie* bis hin zu den Philosophie-Olympiaden der Gesamtschulen und Gymnasien. Dieser internationale Tag wird mit neuartigen und unvorhersehbaren Initiativen überall in der Welt begangen, mit Initiativen, die die Hoffnung bezeugen, in einer humaneren Welt zu leben und zu philosophieren. So hat die UNESCO, die auch auf diese Weise ihren Auftrag verwirklicht, einen Raum und eine Zeit für die Philosophie gefunden.

---

[98] Vgl. Fathi Triki *Convivialité et éthique démocratique,* conférence aux Rencontres *L'Humanité aujourd'hui,* Editions de l'UNESCO, 2003.
[99] Vgl. die Grußbotschaft von Koichiro Matsuura anlässlich des ersten UNESCO-Tages der Philosophie am 21. November 2002.

Wie wir gesehen haben, hat die UNESCO hat immer enge Verbindungen mit der Philosophie als kritischem Infragestellen, als Sinnfrage an das Leben und Handeln, unterhalten. In einer Welt, in der die Sinnfrage verabschiedet worden zu sein scheint, wird sie auch in Zukunft nicht auf die Philosophie verzichten können, ist sie doch die philosophischste aller Organisationen der Vereinten Nationen. Deshalb muss sie heute, ohne auf Umwege zu geraten, nicht nur zur Forschung und Verbreitung der Philosophie in der Welt ermutigen. Sie muss auch ihre eigene Programmatik weiter entwickeln und ständig die Konzepte neu definieren, die das regulative Ideal ihres Auftrags bestimmen. Und sie muss dies im Lichte des *kritischen Geistes* tun, der nicht nur ein Faktum der philosophischen Weltgemeinschaft, sondern eines Jeden in seiner freien Ausübung der Vernunft ist. Es geht dabei um die Existenzgrundlage der UNESCO und um das immer als Frage anstehende Problem der menschlichen Emanzipation. Denn sucht die UNESCO die Nähe der Philosophie, dann deshalb, weil es ohne Philosophie keine UNESCO gibt.

Nachwort

Und heute: Keine Philosophie ohne die UNESCO

von Jacques Poulain

Seit 2003 und dem in dieser Publikation vorgestellten Bericht von Patrice Vermeren über die Rolle, die Philosophinnen und Philosophen und Philosophien bei der Entstehung und Entwicklung der UNESCO gespielt haben, ist die Intensität und Häufigkeit der Beziehungen zwischen ihr und der Philosophie nicht geringer geworden.

Die Mitgliedsstaaten der UNESCO haben 2005 eine Sektorübergreifende Strategie[100] zur Philosophie[101] mit drei Interventions-Hauptachsen vereinbart, um das Handeln der Organisation in diesem Bereich strategisch auszurichten, was man mit drei Schlüsselbegriffen zusammenfassen kann: Bildung/ Erziehung, Dialog und Popularisierung. Für die UNESCO besteht im Lichte ihrer Verfassung Klarheit über die Rolle der Philosophie; in dem erwähnten Strategiebeschluss heißt es: «Die philosophische Analyse und Reflexion sind unleugbar mit der Herstellung und Sicherung des Friedens – den grundlegenden Aufgaben der Organisation – verbunden. [...] In dem Maße, wie sie dabei hilft, Instrumente zur Analyse und zum Verständnis von Schlüsselbegriffen wie Gerechtigkeit, Würde und Freiheit bereit zu stellen, wie sie hilft, Fähigkeiten unabhängiger Reflexion und unabhängigen Urteilens zu entwickeln, wie sie die zum Verständnis der Welt und zur Behandlung der in der Welt gestellten Probleme unabdingbaren kritischen Fähigkeiten stimuliert, und in dem Maße schließlich, wie sie die Reflexion über Werte und Prinzipien fördert, ist die Philosophie eine ‹Schule der Freiheit› ». Die Gründung und der Ausbau des Netzwerkes der UNESCO-Lehrstühle für Philosophie und die regelmäßig

---

[100] Vgl. den Text im Anhang. Anm. d. Übers.
[101] UNESCO, Stratégie intersectorielle concernant la philosophie, 2005, http://unesdoc.unesco.org/images/0014/001452/145270f.pdf.

durchgeführten *Welttage der Philosophie*[102] sind Teil dieser globalen Strategie der UNESCO. Beide Instrumente haben von den Ergebnissen der seit 1985 beim *Collège International de Philosophie* entwickelten und in verschiedenen Weltregionen geführten internationalen philosophischen Debatten profitiert und die Bedeutung der Einbindung der Philosophie in das Leben der Institutionen und der Menschen belegt. Im Rahmen der UNESCO konnten sich Ideen an der Wirklichkeit der Kulturen und an der historische Entwicklung messen; es zeigte sich schnell, dass die UNESCO angesichts der Dringlichkeit der Probleme und Ungewissheiten der jüngsten Geschichte zum Ort des ständigen Austauschs zwischen unterschiedlichen philosophischen Traditionen und den verschiedenen Mitgliedsstaaten wurde.

Die Beteiligung an den durch diese Schwierigkeiten notwendig gewordenen Weiterentwicklungen der UNESCO und der Vereinten Nationen wurde für die Philosophinnen und Philosophen in der ganzen Welt zur permanenten Herausforderung: Gefragt war ihre uneingeschränkt kritische Präsenz. Denn die jüngeren die Welt belastenden Krisen waren kaum weniger schwerwiegend als diejenige, welche die Gründung der UNESCO veranlasst hatte, der Zweite Weltkrieg. Zunehmende Verelendung und Exklusion durch die Globalisierung führen auf der ganzen Erde zu Gewaltausbrüchen, Menschenrechtsverletzungen und kulturellen Konflikten, und dies verpflichtet die UNESCO und die Philosophen, sich durch Denken und Handeln zu widersetzen. Auch das Wort Jean-Paul Sartres und der damit verbundene Appell werden tagtäglich bestätigt; man kann es nur wiederholen: «Jeder Mensch ist gegenüber allen für alles verantwortlich», auch für die «wo auch immer» begangenen Ungerechtigkeiten, und heute und jeden Tag gilt es, «eine neue Freiheit ver-

---

[102] In den Jahren 2002-2004 wurde die zentrale Veranstaltung zum Welttag der Philosophie in Paris ausgerichtet. Von 2005 an wurde die Verantwortung für die Durchführung der nun dezentralisierten Hauptveranstaltung jeweils nationalen UNESCO-Kommissionen übertragen. Sie fanden statt 2005 in Santiago de Chile, 2006 in Rabat, 2007 in Istanbul, 2008 in Palermo und 2009 in Moskau. Die für 2010 in Teheran geplante Zentralveranstaltung wurde aufgrund internationaler Proteste gegen die Ortswahl im Iran zu einem von vier Regionaltreffen (neben Teheran in Dakar, Paris und Tunis) herabgestuft. Weitere Informationen: www.unesco.de/welttag_der_philosophie.html

wirklichen und sie deshalb neu denken».[103] Die Solidarität, die Sartre zwischen den Schriftstellern für notwendig hielt, damit ihre Schriften nicht toter Buchstabe blieben, darf sich nicht auf deren Kreis beschränken: Gerade sie hat ein universelles, umfassendes Auditorium entstehen lassen, vereint in einer internationalen öffentlichen Meinung, wie es sie nie zuvor gegeben hat. Die Philosophinnen und Philosophen aller Länder verspüren deshalb auch heute «dieses Bedürfnis nach einem Organ wie die UNESCO»; und die UNESCO ist täglich gefordert aufgrund der Tragödien, deren Zeuge die internationale öffentliche Meinung ist, vor aller Augen ihre Verantwortung zu übernehmen. Der Grund hierfür ist leicht anzugeben: Die Übersetzung der Freiheitsideale in die Allgemeine Erklärung der Menschenrechte verpflichtet den menschlichen Geist zu deren Verteidigung, und die Anerkennung der universellen Geltung der Menschenrechte bereitet keine Probleme mehr. Stefan Gosepath schreibt: *«Mit den Menschenrechten ist etwas erreicht, was in der bisherigen Geschichte ohne Beispiel ist: eine globale, transkulturelle und transnationale moralische Ordnung.»*[104]

Als Antwort auf das dringende Bedürfnis, die so fruchtbare Verbindung zwischen ihr und den Philosophinnen und Philosophen aufrechtzuerhalten und zu verstärken, hat die UNESCO 2005 den *Welttag der Philosophie* ausgerufen, der an jedem dritten Donnerstag des Monats November begangen wird. Diese Initiative will weltweit gleichermaßen offene wie vielfältige Räume für unterschiedliche Akteure der Zivilgesellschaft öffnen, um das große Publikum mit dem philosophischen Denken vertraut zu machen, aber auch, um die regionale, nationale und internationale philosophische Gemeinschaft für die kritische und aufgeklärte Prü-

---

[103] In diesem Kontext sei auf die 2007 von der UNESCO veröffentlichte Publikation *La Philosophie, une École de la Liberté* (Die Philosophie, eine Schule der Freiheit) verwiesen:
http://unesdoc.unesco.org/images/0015/001536/153601F.pdf.

[104] S. Gosepath, Der Sinn der Menschenrechte seit 1945. In: *Menschenrechte in die Zukunft denken. 60 Jahre Allgemeine Erklärung der Menschenrechte*, hg. v. H.J. Sandkühler, Baden-Baden 2009, S. 36. Zur UNESCO-Programmatik im Bereich der Menschenrechte und zum UNESCO-Bilbao-Preis zur Förderung einer Kultur der Menschenrechte siehe:
http://www.unesco.org/new/fr/social-and-human-sciences/themes/human-rights/about-human-rights/

fung zeitgenössischer Probleme zu mobilisieren – darunter vor allem für die die Philosophie umtreibenden Prinzipien und zentralen Konzepte. Es handelt sich dabei um eine einzigartige Gelegenheit für alle, für die Studierenden, Lehrenden, Forschenden und für Entscheidungsträger, sich mit wesentlichen Fragen in strenger, für den Dialog offener intellektueller Arbeit auszusetzen.

In diesem Kontext erweist sich die wechselseitige Kritik zwischen der Philosophie und der UNESCO als um so vitalere Notwendigkeit, als sie die Bedingung der notwendigen Innovation des Denkens und Handelns gegenüber den Tragödien ist, die auf die eine oder andere Weise Jedermann berühren. Im Gegensatz zur weltweiten Anerkennung ist der Zustand der Menschenrechte in der Welt beklagenswert. Das Schwinden der ihnen geschuldeten Achtung scheint eine allgemeine Erscheinung und von einiger Radikalität zu sein. Dies geht soweit, den Menschen die Grundlage dessen zu nehmen, weswegen ihnen Rechte und der Status als Person zugeschrieben werden. Die mangelnde Achtung des Denkens und der Vernunft untergräbt das Fundament dieser Rechte und damit der einzigen Instanz, auf die man sich berufen kann, um Jedermann zur Achtung der privaten und öffentlichen Rechte aufzufordern und die Individuen, Völker und Staaten zur Vernunft zu rufen. Staaten haben Verbrechen gegen die Menschlichkeit zu verantworten, die sie unter dem Vorwand strategischer Verteidigungsmaßnahmen gegen terroristische Risiken begehen; die Selbstopferung von Terroristen und deren Opfer werden vielfach verstanden als Symptome eines offenen weltweiten Kriegs gegen Neoliberalismus und Globalisierung und die dadurch verursachte Ungerechtigkeit, Exklusion und Verarmung; den Geschlechterbeziehungen wird ihre familiäre Privatheit entzogen, wodurch im Kontext von Völkermord auch Vergewaltigungen mit rassistischen Motiven möglich werden; zugleich werden Frauen wieder in traditionalistische Horizonte verbannt, in denen ihnen ihr Status als menschliche Wesen vorenthalten wird.

Die Menschenrechte werden zwar allseits verbal anerkannt, aber sie werden bei jeder sich bietenden Gelegenheit verletzt. Stefan Gosepath schreibt dazu: «Es wird gefoltert; Menschen werden ohne Gerichtsurteil gefangen gehalten; Minderheiten werden unterdrückt. Die religiös-ethnischen Menschenrechte (Freie Religionsausübung, Gewissensfreiheit, Pluralismus, Minderheitenschutz) sind in vielen Ländern nicht anerkannt und werden z.T. unterdrückt. Ungläubige werden verfolgt, gegen Kritiker wird die Fatwa ausgerufen; Mehrheitsstämme rotten Minderheitsstämme aus. Die politisch-demokratischen Menschenrechte (Politische Grundrechte, repräsentative Demokratie) sind zwar ebenfalls in der ganzen Welt verbal anerkannt; doch die meisten Länder der Welt sind entweder Diktaturen oder populistische autoritäre Regimes, jedenfalls keine liberalen Demokratien im westlichen Sinne. Dissidenten werden in Arbeitslager gesteckt; es gibt keine oppositionellen Parteien und Zeitungen; das Fernsehen ist staatlich gelenkt; Wahlen haben einen stark akklamatorischen Charakter.»[105]

Die Achtung der Menschenrechte schwindet, paradoxerweise haben zeitgleich Versuche Konjunktur, demokratische Lebensbedingungen auf dem Planeten zu ermöglichen: Äußerst selten sind Staaten, die es wagen, sich einen antidemokratischen Totalitarismus auf ihre Fahnen zu schreiben und demokratische Wahlen offen durch manipulierte ‹Plebiszite› zu ersetzen. Staatliche Verbrechen gegen die Menschlichkeit gründen oft in widerwärtigen ökonomischen Kalkülen, z.B. in der Absicht der Sicherung unverzichtbarer Energieressourcen; sie präsentieren sich aber öffentlich als für die Verbreitung der ‹Demokratie› wesentliche Interventionen. Es ist zu beobachten, wie systematisch Bürgerkriege bei Völkern im Namen der demokratischen Emanzipation unterstützt werden, um sie angeblich von Tyrannen zu befreien, wobei man deren Macht zuvor selbst erhalten hatte.

In diesem Kontext verschwinden die im 18. Jahrhundert errungenen Menschenrechte, welche in den 1960er Jahren durch ökonomische und soziale Rechte erweitert wurden. Mit Rechten wie denen auf Bildung, Gesundheit, Wohnung und Ruhestand haben die zu Vorsorge-Staaten transformierten Rechts-Staaten die kapitalistische Pauperisierung und soziale Ungleichheiten zu kompensieren gesucht. Verkürzt man allerdings die Menschenrechte auf ökonomische Rechte, so verschwinden sie notwendigerweise, sobald das staatliche Vorsorgebudget schwindet. Dies führt zu einer radikalen Exklusion der Armen: Mit den ökonomischen

---

[105] Ebd., S. 35. Vgl. auch: *Gewalt und Recht in transkultureller Perspektive. Violence et droits dans une perspective transculturelle.* Hg. v. H.J. Sandkühler/ Fathi Triki, Frankfurt/ M. et al. 2004; I. Kuçuradi, *Menaces sur les droits de l'homme à l'aube du XXIème siècle*, Ankara 2004.

lösen sich auch die bürgerlichen und politischen Rechte in Luft auf, und in der Folge weltweit auch die Menschenrechte selbst.

Der derzeitige Rückfall in neoliberale Fundamentalismen ist eine Begleiterscheinung des politischen Scheiterns des Liberalismus, jedenfalls in seiner neoliberalen bzw. kapitalistischen Ausprägung. Der ‹Kampf der Kulturen› tendiert dazu, eine kosmopolitische Gleichheit der Individuen, Gruppen und Staaten wiederherzustellen, um die ökonomische und soziale Ungleichheit zwischen Armen und Reichen zu überwinden; dieser Kampf zeigt sich im Inneren der Staaten wie auch in den internationalen Beziehungen, in der Kluft zwischen reichen und armen Ländern, zwischen Ländern des Nordens und des Südens. Doch während die Koexistenz der Kulturen im Multikulturalismus scheinbar ausreicht, ihnen wechselseitige Achtung zu sichern und sie einer einzigen ökonomischen Kultur unterzuordnen, ist der Krieg der Kulturen selbst kosmopolitisch und offenbart die unvermeidlichen Grenzen des interkulturellen Dialogs, der die Grenzen eigentlich überwinden will.[106] Dieser Dialog ist dem Modell der ‹Republik der Geister› nachempfunden, das die französische und deutsche Aufklärung erträumt haben; doch er scheitert gerade da, wo er sich unangreifbar wähnte: bei der Forderung nach einer angeborenen Gleichheit der Menschen, die sich als ‹Personen› anerkennen, und bei der Institutionalisierung dieser Gleichheit durch die Anerkennung ihres Status als ‹*citoyens*›. Kulturen werden solchermaßen aber rein formell anerkannt, gerade so, als seien sie echte moralische Personen. Man müsste sie in der kosmopolitischen Republik der Kulturen so anerkennen, als hätten sie alle ein einziges Erbe an Wahrheiten und Werten, das unabhängig von deren Gehalt nach wechselseitiger Achtung verlangte. Bekannterweise haben verschiedene regionale Menschenrechtserklärungen anders als die *Allgemeine Erklärung zur kulturellen Vielfalt*[107] der UNESCO in dieser Hinsicht signifikante Unterschiede, je nachdem, ob sie in einem islamischen oder asiatischen Kontext verfasst wurden. Sie verstehen sich tatsächlich so, dass sie in der Achtung gerade dieser oder jener partikulären Kultur gründen.

---

[106] In den Jahren 2004 und 2005 hat die UNESCO ihr Programm ‹Dialogue philosophique inter-régional› durchgeführt, siehe unten.

[107] *Déclaration universelle de l'UNESCO sur la diversite culturelle*, Paris 2003. Deutsche Übersetzung: http://www.unesco.de/erklaerung_vielfalt.html

Eine solche Koexistenz kann nicht friedlich bleiben, denn die Individuen und Gruppen suchen in ihrer jeweiligen Kultur ihre Identität und die ihnen durch die Globalisierung versagte Anerkennung. Mit der ökonomischen Globalisierung und der von ihr in allen Gesellschaften propagierten Ansätze des freien Markts und der Deregulierung sind weitere Globalisierungen verbunden: die des politischen Liberalismus, die religiöser oder säkularisierter Kulturen, der Solidaritäts- und Schutzsysteme der NGOs, der Künste, der Wissenschaften und der Technik. Der ‹Krieg der Kulturen› gründet auch in der Übertragung des Hegemonieanspruchs der Staaten auf den kulturellen Bereich, und zwar als Anspruch auf die Universalisierung einer besonderen Kultur als Weltkultur. Dieser Anspruch wird allerdings auch von nationalen und multinationalen politischen Interessen instrumentalisiert. Er provoziert ein ‹Zurück zu den Ursprüngen› jener Kulturen, in denen die Identifikation mit dem kulturellen Konsens die Dynamik der Identifizierung mit archaischen Gesellschaften und mit dem Wort ihres jeweiligen Gottes reproduziert. Dies führt zu einer kosmopolitischen, vom Hegemonieanspruch auf Wahrheit abhängigen Ungleichheit zwischen Kulturen. Dieser Anspruch ist illegitim; man muss ihn überwinden können, ohne ihn im kulturellen Wandel zu reproduzieren, den man mittels des interkulturellen Dialogs erreichen will.

Angesichts dieses Anspruchs haben weder die UNESCO noch Philosophinnen und Philosophen es an den nötigen Anstrengungen fehlen lassen. Die Generalkonferenz der UNESCO hat am 20. Oktober 2005 mit 142 von 148 möglichen Stimmen (bei 2 Neinstimmen und 4 Enthaltungen) nach vier Jahren Arbeit, an der die UNESCO-Lehrstühle für Philosophie intensiv beteiligt waren, das *Übereinkommen zum Schutz und zur Förderung der Vielfalt kultureller Ausdrucksformen* verabschiedet. Wie der Generaldirektor der UNESCO, Koïchiro Matsuura, in seinem Vorwort zu einem diese Konvention vorbereitenden Text schrieb – der Text war von einer mit dem UNESCO-Lehrstuhl für Philosophie in Paris verbundenen Forschergruppe unter dem Titel *Déclaration universelle de l'UNESCO sur la diversité culturelle*[108] verfasst worden –, erhob diese Erklärung die kulturelle Vielfalt in den Rang eines «gemeinsamen Erbes der Menschheit» – also eines für die menschliche Gattung ebenso wichtigen Erbes

---

[108] *Déclaration universelle de l'UNESCO sur la diversité culturelle*, Paris 2003, S. 3.

wie es die Biodiversität für die Gesamtheit der Lebewesen ist; sie erklärte zugleich die Verteidigung der kulturellen Vielfalt zu einem «ethischen, von der Achtung der Menschenwürde nicht zu trennenden Imperativ. [...] Sie zielt darauf ab, die Separatismen und Fundamentalismen zu vermeiden, die im Namen kultureller Unterschiede diese Unterschiede für sakrosankt erklären und sich so in Gegensatz zur Botschaft der Allgemeinen Erklärung der Menschenrechte stellen. [...] Diese von den Grundzügen eines Aktionsplans begleitete Erklärung kann ein hervorragendes Werkzeug der Entwicklung sein und dazu befähigen, die Globalisierung humaner zu gestalten.»

Damit die Menschenrechte und die Achtung der kulturellen Vielfalt nicht auf bloß defensive Instrumente reduziert werden, haben die Lehrstühle der UNESCO für Philosophie in Tunis und Paris – unterstützt von der von Hans Jörg Sandkühler in Bremen geleiteten Deutschen Abteilung ‹Menschenrechte und Kulturen›[109] – von 2000 bis 2010 eine Reihe philosophischer Dialoge zwischen den Traditionen Europas und denen der arabischen Welt über Probleme der Epistemologie, der politischen Philosophie, der Ästhetik und über die Grundlagen der Menschenrechte[110] organisiert. Diese Dialoge sollten einen auf Wahrheit ausgerichteten Austausch entwickeln, um die Kultur des jeweils Anderen tatsächlich anerkennen zu können, gerade dadurch, dass Wege gefunden werden, um je eigene Defizite auszugleichen. Deshalb wurden sie mit dem Ziel auf eine *transkulturelle* Grundlage gestellt, die die einzelnen Kulturen transzendierenden und komplementären Invarianten aufzudecken.[111]

---

[109] Siehe http://www.unesco-phil.uni-bremen.de.
[110] Ergebnisse der Analysen zu den Grundlagen der Menschenrechte und der Kulturen wurden veröffentlicht in: H.J. Sandkühler (Hg.), *Menschenwürde. Philosophische, theologische und juristische Analysen*, Frankfurt/ M. et al. 2007.
[111] Vgl. H.J. Sandkühler/ F. Triki, *Die Aufgaben der Philosophie in der transkulturellen Welt. La tâche de la Philosophie dans le monde tranculturel*, Frankfurt/ M. et. al. 2002; J. Poulain/ H.J. Sandkühler/ F. Triki (Hg.), *La dignité humaine. Perspectives transculturelles*, Frankfurt/ M. et. al. 2009; dies. (Hg.), *Menschheit – Humanität – Menschlichkeit. Transkulturelle Perspektiven*. Frankfurt/ M. et al. 2009; dies. (Hg.), *Gerechtigkeit, Recht und Rechtfertigung in transkultureller Perspektive*, Frankfurt/ M. et. al. 2010.

Im Vordergrund des Ansatzes der genannten UNESCO-Lehrstühle stand, die neuesten Ergebnisse der historischen Anthropologie und der philosophischen Anthropologie der Sprache einfließen zu lassen. Das im Horizont des Liberalismus durch demokratische kulturelle bzw. nationale Konsensherstellung mit den Menschen angestellte, umfassende Experiment hat die Geisteswissenschaften und die Philosophie gezwungen, nicht nur die ‹Natur› der Sprache und die jede Kultur durchdringende Dynamik von Harmonisierungserfordernissen anzuerkennen, sondern auch die Natur des Austauschs von Urteilen, die jeden Austausch von Worten regiert und reguliert.[112] Freiheit, Gleichheit und Solidarität, die bisher nur als angeborene Eigenschaften des Menschen denkbar waren, erweisen sich nun als etwas, das in der gleichen Verwendung von Worten und in geteilten Wahrheitsurteilen seinen Grund hat. Sie bekommen so einen dynamischen Charakter, der sie für den Menschen ebenso lebensnotwendig macht wie der Gebrauch der Sprache selbst. Sie lassen das demokratische Regime zur *conditio sine qua non* der menschlichen Entwicklung und der Schaffung sowohl von einzelnen Gesellschaften als auch einer kosmopolitischen Gemeinschaft werden. Lebensnotwendig sind sie auch für die Organe der Reflexion und Regulierung der internationalen öffentlichen Meinung: die Vereinten Nationen und die UNESCO. Was den Menschen selbst bedingt, erweist sich als in seinem Wesen demokratisch.[113]

Das philosophische Urteilen ist nicht mehr auf die Spezialisten der ‹Philosophie› genannten Disziplin begrenzt, sondern der Dynamik jeder Sprache inhärent, der Alltagssprache wie der Sprache in Wissenschaft, Kultur und Politik.[114] Als pragmatische Grundlage der Entwicklung der Demokratie und der internationalen öffentlichen Meinungsbildung erweist es sich als Mittel zur Überwindung von Diskriminierungen und Menschenrechtsverletzungen aufgrund von biologischen, zu letzten Kriterien hochstilisierten Gegebenheiten. Um so wichtiger ist es, dass die

---

[112] Vgl. J. Poulain/ F. Triki/ Ch. Wulf (Hg.), *Violence, religion und dialogue interculturel*, Paris 2010 (dt. Ausgabe Berlin 2006); dies. (Hg.), *Die Künste im Dialog der Kulturen*, Berlin 2007; dies. (Hg.), *Erziehung und Demokratie*, Berlin 2009.

[113] Vgl. J. Poulain/ H.J. Sandkühler/ F. Triki (Hg.), *Pour une démocratie transculturelle*, Paris 2010.

[114] Vgl. J. Poulain/ H.J. Sandkühler/ F. Triki (Hg.), *L'agir philosophique dans le dialogue transculturel*, Paris 2006.

Vereinten Nationen nach zwanzigjähriger Diskussion am 13. September 2007 das Recht indigener Völker auf Selbstbestimmung anerkannt haben. Die Deklaration wurde einmütig bei nur vier Gegenstimmen angenommen; sie betrifft das Leben von 370 Millionen Menschen und unterstreicht insbesondere ihr Recht auf Entschädigung angesichts der Bedingungen von Deportation, Ausbeutung und Vernichtung, denen sie unterworfen wurden und die sie am besten beurteilen können.

Von nicht geringerer Bedeutung ist z.B. die Gründung eines *Internationalen Netzwerkes der Philosophinnen*, das im Rahmen der UNESCO 2007 von Philosophinnen wie Barbara Cassin, Tanella Boni, Geneviève Fraisse, Hourya Benis Sinaceur, Sylviane Agacinski u.a. mit Unterstützung der UNESCO und insbesondere seitens Moufida Goucha eingerichtet wurde. Das Recht der Frauen auf Anerkennung der gegenüber den Männern unterschiedslosen Objektivität ihres Urteils ist Ergebnis von Errungenschaften aller Kulturen; die historische und philosophische Anthropologie haben den Weg zur Anerkennung der Urteilskraft als eines menschlichen, vom Geschlecht unabhängigen Vermögens gebahnt. Eine solche Initiative eröffnet die Chance, den Frauen wirkliche Gleichheit zuzuerkennen und sie dort, wo sie noch fehlt, zu realisieren. Auf der *gender-equality*-Webseite der UNESCO heißt es: «Gleichstellung der Geschlechter ist eine Grundvoraussetzung für die umfassende Inanspruchnahme der Menschenrechte durch Mann und Frau. Weltweit die Geschlechtergleichstellung zu fördern ist eine der übergreifenden Prioritäten der UNESCO. Es gibt heute Völkerrechtsinstrumente zur Förderung und zur Verteidigung von Frauenrechten, aber Unterschiede bestehen fort auf vielen Gebieten. Gewalt gegen Frauen, weibliche Armut, Ausschluss aus Entscheidungsgremien in Politik und Wirtschaft sind nur Beispiele für zu lösende Fragen auf dem Weg zur Gleichstellung. Ungleichheiten zu überwinden erfordert Wandel in der Gesellschaft und zwischen Mann und Frau.»[115]

Die Urteilskraft, die höchste Kunst in Ausübung der Philosophie, aber auch des verantwortungsvollen bürgerlichen Lebens, erfordert unbestreitbar eine qualitativ hochwertige Bildung in dem klaren Bewusstsein, dass Erziehung und Bildung kein Füllen einer Vase sind, sondern das Entzün-

---

[115] htttp://www.unesco.org/new/en/social-and-human-sciences/themes/human-rights/gender-equality/

den eines Feuers. Deshalb besteht ein weitere Säule des Handelns der UNESCO zugunsten der Philosophie darin, den Philosophieunterricht in den Curricula der Sekundarstufe und der Universitäten zu verankern, ja sogar in den Grundschulen. Diese Aktivität wurde 2007 mit der Veröffentlichung eines umfassenden Berichts zum Philosophieunterricht weltweit unter dem Titel *La Philosophie, une école de la liberté*[116] konsolidiert. Seit 2009 hat die UNESCO hierzu hochrangige Regionaltreffen mit Experten und politischen Entscheidungsträgern aus fünf Weltregionen (Afrika, Lateinamerika und Karibik, Asien und Pazifikanrainer, Europa, Nordamerika und arabische Welt)[117] durchgeführt, um für die Einführung der Philosophie in das formale Bildungswesen zu werben.

In diesem Kontext des Zusammenwirkens von UNESCO und Philosophie bildet auch die Menschenrechtsbildung Aufgabe und Herausforderung, der auf allen Ebenen der Bildung von der Grundschule bis zu den Universitäten zu entsprechen ist. Genau dies präzisiert das vom Hochkommissariat der Vereinten Nationen für Menschenrechte ausgearbeitete und mit der UNESCO abgestimmte Weltprogramm zur Förderung der Menschenrechtsbildung.[118]

---

[116] UNESCO, *La Philosophie, une école de la liberté – Enseignement de la philosophie et Apprentissage du philosopher : Etat des lieux et regards pour l'avenir*, Editions UNESCO, 2007:
http://unesdoc.unesco.org/images/0015/001536/153601F.pdf.
Engl. Übers: Philosophy – A School of Freedom. Die Deutsche UNESCO-Kommission hat das erste, dem Philosophieren mit Kindern gewidmete Kapitel unter dem Titel ‹Philosophie – eine Schule der Freiheit. Philosophieren mit Kindern weltweit und in Deutschland› veröffentlicht:
http://www.unesco.de/fileadmin/medien/Dokumente/Wissenschaft/Philosophie-eine-Schule-der-Freiheit.pdf. Anm. d. Übers.

[117] Zu näheren Informationen vgl.:
http://www.unesco.org/new/fr/social-and-human-sciences/themes/human-rights/philosophy/philosophy-teaching/ Anm. d. Übers.

[118] Vgl. *Programme mondial de l'ONU en faveur de la formation aux droits de l'homme*, Version 2011: http://www.unesco.de/aktionsplan_mrbildung.html.
In diesem Kontext vgl. auch: J. Poulain/ F. Triki/ Ch. Wulf (Hg.), *Erziehung und Demokratie*, Berlin 2009. Im Jahre 2001 hat die UNESCO einen Lehrstuhl für Menschenrechtsbildung am Institut für Politikwissenschaft der Otto-von-Guericke-Universität Magdeburg unter der Leitung von Prof. Dr. Karl Peter Fritzsche eingerichtet. Anm. d. Übers.

Der interkulturelle Dialog ist als Prüfung der Fähigkeit jeder Kultur notwendig, sich als eine Lebensweise zu begreifen, die von allen ihren Mitgliedern akzeptiert werden kann. Dieser Dialog bedarf auch des universitären Dialogs als eines wesentlichen Bestandteils. Auf diesen Aspekt legt die UNESCO besonderen Wert; sie leitete interregionale philosophische Dialoge mit dem Ziel ein, je zwei Regionen miteinander ins Gespräch zu bringen und Debatten zwischen Philosophinnen und Philosophen aus Universitäten und institutionell nicht gebundenen Denkern zu ermöglichen – und zwar gerade Regionen, zwischen denen bisher kaum ein oder auch gar kein philosophischer Austausch stattgefunden hat. Dieser Dialog-Typus existiert seit 2004 zwischen den Philosophierenden Asiens bzw. der Pazifikregion und der arabischen Welt; man versammelt sich einmal jährlich zu vorrangigen Themen[119]; ein zweiter Dialog nach dem gleichen Muster begann 2001: er betrifft die Philosophinnen und Philosophen Afrikas und Amerikas (Nordamerika, Lateinamerika und Karibik). Diese interkulturellen, auf Reflexion und universitären Diskurs gegründeten Dialoge gehen von einer wesentlichen Voraussetzung aus: Der universitäre Diskurs ist tatsächlich kein beliebiger Anlass zur Selbstbestätigung einer Kultur; vielmehr ist er eine Instanz, mit deren Hilfe eine Kultur ein kritisches Bewusstsein ihrer Begrenztheit entwickelt, und dies in ihrem Verständnis anderer Kulturen.

Im kritischen Diskurs können die den verschiedenen Kulturen eigenen Grenzen markiert werden, und die Art und Weise, wie die Partnerkulturen ihre Grenzen überschreiten, kann in die eigene Herkunftskultur integriert werden. Denn die Respektierung von Kulturen im Kulturendialog darf sich nicht – in Analogie zu der Verpflichtung durch das Recht, die Existenz einer anderen Person zu respektieren – auf die formelle Anerkennung einer anderen Kultur beschränken. Sie kann nicht einfach kosmopolitisch sein und nicht nur – in Analogie zu der vom Recht gewollten Gleichheit zwischen autonomen Bürgern – eine formelle Gleichheit zwischen Kulturen gelten lassen.

Es muss einen Respekt geben, der sich bereits im Akt der Kritik zeigt. Mit diesem Respekt erkennt eine Kultur die Integration dessen an, was

---

[119] Zu den beiden Dialogprogrammen vgl.:
http://www.unescobkk.org/rushsap/philosophical-reflection-and-the/asia-arab-inter-regional-philoso/

ihr selbst fehlt und was Grundlage der Kultur ist, mit der sie in einen Dialog tritt. Diese aktive Anerkennung der Besonderheit anderer Kulturen und ihres tatsächlichen Beitrags zur Entstehung einer Menschheit, die mit dem in Übereinstimmung ist, was sie wirklich sein muss, ist eine Voraussetzung auch für die Kritikbefähigung des universitären Diskurses im interkulturellen Dialog: Sie ist die Grundlage der Universität als transkultureller Universität, die nicht nur allgemeine Kenntnisse als gültig zu erklären hat, sondern auch gemeinsame Lebenspraxen. Die Universität muss deshalb den Dialog mit allen im Bereich von Bildung und Erziehung Tätigen und auf allen Ebenen des Bildungssystems führen, um notwendige Innovationen und Bestätigungen pädagogischen Praktiken vorschlagen zu können.

Anhänge

I.

Die derzeitigen offiziell anerkannten
UNESCO-Lehrstühle für Philosophie

Argentinien

- UNESCO-Lehrstuhl für Ethik und Politik/ Chaire UNESCO d'éthique et politique (356)[1] – Honorable Senado de la Nación – 1998 eingerichtet.
- (Wandernder) UNESCO-Lehrstuhl Edgar Morin über das komplexe Denken/ Chaire UNESCO itinérante Edgar Morin sur la pensée complexe (424) – Universität von Salvador – 1999 eingerichtet.
- UNESCO-Lehrstuhl für Philosophie/ Chaire UNESCO de Philosophie (570) – Nationaluniversität Comahue und Institut Gino Germanie der Universität Buenos Aires – 2001 eingerichtet.

Chile

- UNESCO-Lehrstuhl für Philosophie/ Chaire UNESCO de philosophie (59) – Universität von Chile – 1996 eingerichtet.

Frankreich

- UNESCO-Lehrstuhl für Philosophie/ Chaire UNESCO de philosophie (86) – Universität von Paris VIII – 1996 eingerichtet. Zu diesem Lehrstuhl bestand im Zeitraum 2003 bis 2010 unter Leitung von Prof. Dr. Hans Jörg Sandkühler an der Universität Bremen eine Deutsche Abteilung mit dem Titel «Menschenrechte und Kulturen».

---

[1] Die Ziffer gibt die fortlaufende Nr. in der Liste aller UNESCO-Lehrstühle weltweit in allen Disziplinen nach Gründungsdatum an:
http://www.unesco.org/fileadmin/MULTIMEDIA/HQ/ED/UNITWIN/pdf/D oc_annexes/TB%20Chaires%2028%2002%202011.pdf

Republik Korea
- UNESCO-Lehrstuhl für Philosophie/ Chaire UNESCO en philosophie (129) – Seoul National University – 1997 eingerichtet.

Tunesien
- UNESCO-Lehrstuhl für Philosophie/ Chaire UNESCO de philosophie (259) – Universität von Tunis I – 1997 eingerichtet.

Türkei
- UNESCO-Lehrstuhl für Philosophie und Menschenrechte/ Chaire UNESCO en philosophie et droits de l'homme (841) – Universität Malpete, Istanbul – 2009 eingerichtet.

Ukraine
- UNESCO-Lehrstuhl für Philosophie der menschlichen Kommunikation/ Chaire UNESCO en Philosophie de la communication humaine (271) – Technische Staatsuniversität für Agrikultur, Charkov – 1996 eingerichtet.

Venezuela
- UNESCO-Lehrstuhl für Philosophie/ Chaire UNESCO de philosophie (281) – Universität Simón Bolivar, Caracas – 1996 eingerichtet.

II.

Sektorübergreifende Philosophie-Strategie[1]
der UNESCO

Überblick: die Rolle der UNESCO

Die Bedeutung der Philosophie für die Arbeit der UNESCO ist offensichtlich; philosophische Analyse und Reflexion stehen unleugbar für die Errichtung und Erhaltung des Friedens, die Kernaufgabe der Organisation. Die Verfassung der Organisation sieht vor, dass Frieden «in der geistigen und moralischen Solidarität der Menschheit» gegründet sein soll. Die Philosophie ist eine «Schule der Freiheit», indem sie die intellektuellen Werkzeuge zur Analyse und zum Verständnis wichtiger Begriffe wie Gerechtigkeit, Würde und Freiheit entwickelt, indem sie Fähigkeiten bildet für freie Meinungsbildung und Entscheidung durch Stärkung kritischer Fähigkeiten, die Welt und ihre Herausforderungen zu verstehen und hinterfragen, und indem sie Reflexion über Werte und Prinzipien fördert.

Die Notwendigkeit eines UNESCO-Philosophieprogramms wurde seit den Anfängen der Organisation betont. Die Vorbereitungskommission der ersten Generalkonferenz 1946 schlug als eine der Aufgaben für die UNESCO vor, dass ein Programm zur Philosophie «in gewissem Umfang und sozusagen als Minimalgepäck eine breite Öffentlichkeit mit philosophischen und moralischen Begriffen so vertraut mache, dass die Achtung der menschlichen Natur, Friedensliebe, Ablehnung von kleinkariertem Nationalismus und brutaler Gewalt, Solidarität und wechselseitige Fürsorge zu einem sie leitenden kulturellen Ideal wird.». Philosophie kann somit auch als eine Schule für die menschliche Solidarität und als Grund-

---

[1] Die «Intersectoral Strategy on Philosophy» wurde von der UNESCO – Sektor Sozial- und Geisteswissenschaften, Sektion Sicherheit, Demokratie und Philosophie – 2006 veröffentlicht. Sie wurde von Dr. Lutz Möller, dem Leiter des Fachbereichs Wissenschaft, Menschenrechte der Deutschen UNESCO-Kommission, aus dem Englischen übersetzt.

lage für ein besseres gegenseitiges Verständnis und für mehr Respekt verstanden werden, als förderliche Grundlage des Dialogs zwischen den Zivilisationen.

Jeder Dialog zwischen den Kulturen sowie die Vereinbarkeit von Gemeinschaften muss sich auf die Werte des Friedens und des gemeinsamen Daseins begründen. Solch ein ethisch begründeter Dialog setzt ein grundlegendes Verständnis der philosophischen und moralischen Vorstellungen voraus, welche unabdingbar sind für einen echten intersubjektiven und offenen Austausch.

Die Bedeutung der Philosophie wurde erneut im Februar 1995 bestätigt, als Philosophen in Paris zusammentrafen, um die Pariser Erklärung für Philosophie anzunehmen. Es wurde festgestellt, dass alle Menschen überall ein Anrecht darauf haben sollten, sich frei philosophisch zu betätigen, und dass die Lehre der Philosophie überall da gesichert oder ausgebaut werden sollte, wo sie bereits existiert, und da eingeführt, wo sie noch nicht existiert. Darüber hinaus wurde festgestellt, dass Kenntnisse philosophischer Einsichten in unterschiedlichen Kulturen und deren Vergleich, sowie die Analyse ihrer Gemeinsamkeiten und Unterschiede, unterstützt werden sollten.

Die UNESCO versteht Philosophie in einem weiten Sinn: als die Behandlung allgemeiner Problemen des menschlichen Lebens und Daseins und als die Ermöglichung unabhängigen Denkens von Individuen. Philosophie ist das Herzstück des menschlichen Wissens, und sie umspannt alle Kompetenzbereiche der UNESCO. Die wichtigsten Fragen, mit denen sich die Organisation befasst, brauchen eine solide philosophische Grundlage und analytische und konzeptionelle Strenge: Bildung für alle, kulturelle Vielfalt, Wissenschaftsethik, Menschenrechte, Wissensgesellschaften, Demokratie, interkultureller Dialog und Dialog zwischen den Kulturen. Die in den wichtigsten Programmen der UNESCO implizierten Konzepte, Normen und Standards machen kritische Analyse nötig, um die Wirksamkeit und Relevanz der Aktivitäten zu steigern. Das UNESCO-Philosophieprogramm zielte schon immer auf die Förderung des philosophischen Dialogs und das wechselseitige Lernen von philosophischen Entwicklungen ab. Das vorliegende Dokument stellt eine langfristige Strategie für das UNESCO-Philosophieprogramm dar und macht die Aktivitäten des Programms kohärent. Es ist das Ergebnis eines zweijährigen Konsultationsprozesses, in dem die ständigen Delegationen bei der UNESCO, die UNESCO-Nationalkommissionen, 500 NGOs und 600 Universitäten, sowie rund 150 Philosophinnen und Philosophen und Persönlichkeiten eingeladen wurden, Kommentare und Anregungen zu geben.

Ziele der sektorübergreifenden Philosophiestrategie:

- Ein Ideenlaboratorium bereitzustellen;

- Als Katalysator für die internationale Zusammenarbeit zu philosophischem Dialog, Studium und Forschung zu dienen und Lehre der Philosophie und öffentliche Debatte zu unterstützen;

- Beiträge zur internationalen Reflexion und Diskussion über aktuelle Weltprobleme zu leisten, insbesondere durch die Stärkung der philosophischen Grundlagen der wichtigsten Programme der UNESCO und anderer Themen sowie durch Debatten mit Entscheidungsträgern über philosophische Einsichten;

- Die Philosophie in der allgemeinen Öffentlichkeit zu verbreiten;

- Die Lehre der Philosophie in der Welt zu fördern, insbesondere, aber nicht ausschließlich, durch das formale Bildungswesen, und durch Aufbau von Kapazitäten philosophischer Gelehrsamkeit in den Mitgliedstaaten, insbesondere in Ländern, wo Philosophie nicht offiziell gelehrt wird;

- Als Vermittler von Informationen in allen oben genannten Bereichen zu fungieren;

- Als Katalysator für den Prozess des Dialogs zwischen den Kulturen dienen.

Umsetzung der Strategie

Die vorliegende Strategie soll für das UNESCO-Sekretariat und die UNESCO-Nationalkommissionen gelten. Sie wird umgesetzt durch eine enge sektorübergreifende Zusammenarbeit und Partnerschaft mit einschlägigen Partnern (Universitäten, NGOs, Institute, wissenschaftliche Gesellschaften, UNESCO-Lehrstühle, usw.)

UNESCO-Nationalkommissionen werden dazu ermutigt, Philosophie-Unterausschüsse einzurichten, mit den Zielen:

- Zusammenarbeit mit dem UNESCO-Sekretariat;
- Verbreitung von Informationen und Materialien;
- Förderung der Lehre der Philosophie in der Sekundarstufe und an Universitäten;
- Organisation von Veranstaltungen zur Förderung der Philosophie.

Die UNESCO wird besondere Anstrengungen unternehmen, um für die Umsetzung der Strategie außerplanmäßige finanzielle Mittel zu mobilisieren.

Erwartete Ergebnisse

- Forschung wurde unterstützt und verbreitet zu zentralen Fragen der Schlüsselprogramme der UNESCO (Bildung für alle, Bioethik, Wissensgesellschaften, usw.) und zu Herausforderungen der modernen Gesellschaft;
- Veröffentlichungen und Lehrbücher wurden als Ergebnis interregionalen und interkulturellen philosophischen Dialogs publiziert;
- Die Lehre der Philosophie wurde international sowohl in der Sekundarstufe und als auch an Universitäten verbessert;
- Das informelle Lernen der Philosophie und ihre Popularisierung, gerade in Bezug auf zeitgenössische philosophische Debatten, wurde gefördert;
- Fähigkeiten von UNESCO-Nationalkommissionen zur Umsetzung der Strategie wurden verbessert.

Säulen für künftige Aktivitäten der UNESCO im Bereich der Philosophie:

Säule I Philosophie im Angesicht von Weltproblemen

Säule II Die Lehre der Philosophie in der Welt

Säule III Förderung des philosophischen Denkens und Forschens

Diese drei Säulen sind miteinander verbunden, wobei jede Säule die anderen unterstützt. Die Ergebnisse von Forschung und Dialogen in Säule I werden in Säule II und das Programm zur Lehre der Philosophie eingespeist, und ebenso in Säule III und die Aktivitäten zur Förderung des philosophischen Denkens.

Säule I: Philosophie im Angesicht von Weltproblemen
Dialog, Analyse und Befragung der Gesellschaft von heute

Die UNESCO unterstützt philosophische Analyse und Forschung, welche sich ausrichten auf Probleme der Gegenwart und ihre konkreten Folgen für die gesellschaftliche Stabilität und die Friedenssicherung, insbesondere ausgehend von den UNESCO-Schwerpunktprogrammen. Es werden Anstrengungen unternommen, Denker dazu zu ermutigen, sich mit neuen Weltproblemen auseinander zu setzen, um neue Ideen und Forschungsergebnisse zu erzeugen. Indem die UNESCO die Reflexion von Philosophinnen und Philosophen über große zeitgenössische Probleme der Menschheit anregt, will sie sie dazu ermutigen, eine einflussreichere Rolle jenseits der traditionellen akademischen Sphäre zu spielen und aktiv dabei mitzuwirken, auf diese Probleme Antworten zu finden, in Ergänzung zur laufenden akademischen Forschung.

Die UNESCO spielt als intellektuelle und ethische Organisation eine Rolle bei der Schaffung öffentlicher Räume, in denen der Dialog eine echte internationale und allgemein zugängliche Dimension hat. Dieser Dialog wird unterfüttert durch die von Denkern geschaffenen Konzepte und Ideen, sollte auch Entscheidungsträger einbeziehen und der breiten Öffentlichkeit Anregungen zum Handeln geben. Die Verbindung zwischen Reflexion, Diskussion und Handeln soll durch die Zusammenführung von Denkern, politischen Entscheidungsträger und der Zivilgesellschaft gestärkt werden. Die größte Herausforderung wird jedoch die Verbindung zwischen Forschung und Handeln darstellen.

Im Einklang mit der weltweiten Agenda der Vereinten Nationen für den Dialog zwischen den Kulturen werden die Aktivitäten in dieser Säule dazu beitragen, einen echten Dialogprozess in Gang zu bringen, indem das Konzept und Lösungsansätze des Dialogs zwischen den Zivilisationen neu in Blick genommen werden, um dessen Tragweite zu verstärken und dessen Relevanz für aktuelle Herausforderungen der Menschheit zu verbessern. Hindernisse für den Dialog werden identifiziert und untersucht, was Dialog in Bezug auf andere Formen der Kommunikation ausmacht. Zudem wird nach den erkenntnistheoretischen Grundlagen des Dialogs gesucht.

Die in dieser Strategie vorgeschlagenen Maßnahmen umfassen:

- Philosophische Reflexionen und Dialoge über die zentralen Schwerpunktthemen der UNESCO: Dialog zwischen den Kulturen, Bildung für alle, Bioethik, Wissensgesellschaften, kulturelle Vielfalt, Umweltethik, Armut, nachhaltige Entwicklung, usw.;

- Philosophische Reflexionen und Dialoge über die Schlüsselthemen der jeweiligen Weltkongresse der Philosophie; Philosophie im Angesicht von Weltproblemen, wie Globalisierung und Verantwortung, Gleichheit, kollektive und individuelle Handlungen, Identität und Gerechtigkeit;

- Regionenübergreifende philosophische Dialoge: Seit 2004 stellt dieses Programm philosophische Dialoge her zwischen Wissenschaftlern verschiedener Regionen der Welt, z.B. der arabischen Welt und Asien, Afrika und Lateinamerika, Afrika und der arabischen Welt, West- und Osteuropa, usw.;

- Virtuelles Dokumentationszentrum: Eine Website soll eingerichtet werden mit Referenzdokumenten, aktuellen Forschungsarbeiten, Zusammenfassungen von Vorträgen verschiedener UNESCO-Konferenzen und -Seminare, Online-Diskussionen und einer virtuellen Bibliothek. Die Website soll Forschern, Studierenden und Wissenschaftlern auf dem Gebiet der Philosophie dienen.

Diese Maßnahmen werden in Partnerschaft mit einschlägigen UNESCO-Sektoren, NGOs, Universitäten, Forschungsinstituten und Philosophierenden umgesetzt.

Interregionale philosophische Dialoge

Das Ziel der Aktivitäten mit diesem Titel ist es, Netzwerke von Philosophen in allen Teilen der Welt zu schaffen. Es besteht ein starkes Bedürfnis für einen Raum der Begegnung und des Austauschs für Philosophen, die in der normalen Ausübung und Lehre der Philosophie in ihren jeweiligen Ländern keine Möglichkeit dazu haben. Die UNESCO wirkt dabei als Katalysator für die Begegnung zwischen Philosophen und philosophischen Traditionen sowie für philosophische Experimente, wobei jeweils ein Beitrag zur Stärkung der Werte des Friedens und des gegenseitigen Verständnisses entsteht. Ein «Interregionaler philosophischer Dialog zwischen Asien und der arabischen Welt» wurde im Rahmen der Feier des dritten Welttags der Philosophie im November 2004 in der UNESCO-Zentrale in Paris ins Leben gerufen. Viele Philosophen der beiden Regionen erörterten gemeinsam Probleme aus der gemeinsamen philosophischen Praxis und benannten die wichtigsten Aktionsfelder für optimale Möglichkeiten des Aufbaus von Netzwerken zwischen den beiden Regionen. Auf Initiative der koreanischen UNESCO-Kommission beteiligte sich die UNESCO an einer Konferenz zum Thema «Demokratie und soziale Gerechtigkeit in Asien und in der arabischen Welt» im November 2005 in Seoul, in der Nachfolge der Tagung des Jahres 2004. An dem Dialog beteiligen sich Philosophen aus einer großen Zahl von Ländern aus diesen beiden großen Weltregionen. Dies wird nicht nur zu stärkeren Synergien, sondern auch zu Publikationen führen, die die Nachfrage nach wechselseitiger Kenntnis und Austausch bedienen werden.

Mit einem weiteren philosophischen Dialog, der Afrika und Lateinamerika verknüpft, wurde anlässlich des Welttags der Philosophie in Santiago de Chile begonnen. Diese Tagung stellte Verbindungen her zwischen den philosophischen Gemeinschaften der jeweiligen Regionen und legte gemeinsame Prioritäten und Herausforderungen fest. Die Tagung hatte als Ergebnis, dass die Qualität der Lehre der Philosophie und damit verbundene Herausforderungen zu den wichtigsten Fragen zählen. Im Einklang mit dem Zweck der sektorübergreifenden Strategie für Philosophie werden die interregionalen Philosophiedialoge zwischen verschiedenen anderen Teilen der Welt weiterbestehen, immer mit dem Ziel, Beziehungen zwischen Philosophen zu schaffen, wo diese noch nicht existieren, und bereits bestehende zu verstärken.

Säule II: Lehre der Philosophie in der Welt

Förderung kritischer Reflexion und unabhängigen Denkens

Die Lehre der Philosophie trägt dazu bei, dass sich Menschen frei und als Bürger entwickeln. Sie «macht Mut, ein eigenes Urteil zu entwickeln, allen möglichen Argumenten entgegen zu treten, das Wort anderer zu respektieren, und sich nur der Autorität der Vernunft geschlagen zu geben». Mit anderen Worten ist die Lehre der Philosophie von großer Bedeutung für das Verständnis der Prinzipien und philosophischen Grundlagen der Menschenrechte, und sie stärkt die Fähigkeit des Individuums, im Denken echt frei zu sein, frei von Dogmen und unhinterfragter «Weisheit». Sie stärkt auch die menschliche Fähigkeit, die je eigene Situation zu beurteilen, und dies ist unumgänglich für die Bewertung, Kritik und die Wahl für Handeln oder Nicht-Handeln.

Die Bedeutung der Ausbildung in Philosophie wurde im Jahr 1950 auf der fünften UNESCO-Generalkonferenz unterstrichen. Die UNESCO sollte demzufolge «eine Umfrage über die Stellung der Lehre der Philosophie in den verschiedenen Bildungssystemen durchführen, sowie über ihre Methoden und ihren Einfluss auf die Ausformung des Bürgers» (5 C/ Resolution 4.1212). Die erste Umfrage im Jahr 1953 unter der Leitung von Georges Canguilhem betraf neun Länder. Ihr folgte 1995 ein vollständigerer Überblick über 66 Länder. Allerdings gab es keine systematischen Nacharbeiten zu den Empfehlungen der Experten zu der Umfrage von 1995 zur Philosophielehre.

Die in dieser Strategie vorgeschlagenen Maßnahmen umfassen:

- Durchführung einer neuen, umfassenden Studie über die Lehre der Philosophie in der Welt von heute;

- Entwicklung von Politikempfehlungen zur Lehre der Philosophie in der Sekundarstufe und an Universitäten durch die UNESCO-Nationalkommissionen. Das Paket an Empfehlungen umfasst auch die Überwachung und Bewertung von Mechanismen, welche die Mitgliedstaaten über den aktuellen Stand der Lehre der Philosophie in der Welt informieren (in Partnerschaft mit den UNESCO-Sektoren für Bildung und für Kultur);

- Entwicklung von Empfehlungen an die Mitgliedstaaten über Entwicklung von aussagekräftigen Lehrplänen, die auch die Lehre der verschiedenen philosophischen Richtungen sowie vergleichende Philosophie umfassen würden;

- Entwicklung von Handbüchern, Austauschprogrammen, Seminaren, usw., um die Lehre der Philosophie in der Welt zu fördern (in Partnerschaft mit dem UNESCO-Sektor für Bildung);

- Unterstützung der Weiterentwicklung der Internationalen Philosophie-Olympiade: Die Olympiaden sind philosophische Aufsatzwettbewerbe. Sie wurden von der Internationalen Föderation der Philosophischen Gesellschaften initiiert und bringen derzeit Schüler der Sekundarstufe II aus über 20 Ländern zusammen. Es werden Anstrengungen unternommen, um diese Initiative auch in anderen Ländern (in Partnerschaft mit einschlägigen NGOs) zu unterstützen;

- Stärkung des Netzwerks der UNESCO-Lehrstühle für Philosophie: Die Zusammenarbeit der bestehenden Lehrstühle soll verbessert werden, darüber hinaus sollen Lehrstühle in Afrika und Südostasien, sowie in anderen Regionen der Welt geschaffen werden (in Partnerschaft mit bestehenden Lehrstühlen und dem UNESCO-Sektor für Bildung);

- Verbreitung der Materialien, die durch Forschungstätigkeiten der Säule I entstanden, durch CD-ROMs und über die UNESCO-Website: Diese Materialien könnten als Referenztexte genutzt werden für einen umfassenden Ansatz der Lehre der Philosophie, in Bezug auf unterschiedlichste philosophischen Richtungen und verschiedenste Regionen der Welt (in Partnerschaft mit NGOs, Universitäten und Institutionen).

> *Weltweite Studie über den Stand der Lehre der Philosophie*
>
> Nach der Verabschiedung des sektorübergreifenden Philosophiestrategie auf der 171. Sitzung des UNESCO-Exekutivrats wurde zur Umsetzung der Säule II der Strategie mit der Ausarbeitung einer Studie über die Stellung der Lehre der Philosophie weltweit begonnen.
>
> Das Ziel der Studie ist die umfangreichste Bereitstellung von Informationen über den gegenwärtigen Stand des Philosophieunterricht weltweit. Auf der einen Seite wird die Studie durch eine Umfrage mittels Fragebogen und aktualisierte statistische Daten quantitative Aspekte umfassen. Auf der anderen Seite wird durch eine analytische und wissenschaftliche Verarbeitung der erhobenen Daten gewährleistet, dass die Studie auch qualitative Aspekte umfasst.
>
> Auf Wunsch der Mitgliedstaaten werden die Ergebnisse der Studie von der UNESCO veröffentlicht werden. Die Publikation wird allen Ländern und ihren nationalen UNESCO-Kommissionen zur Verfügung gestellt. Sie wird eine globale Vision der positiven und der negativen Aspekte in diesem Bereich enthalten und als Grundlage zur Ausarbeitung eines konsolidierten Aktionsplans für die verstärkte Förderung der Philosophie und ihrer Lehre dienen.

Säule III: Förderung philosophischen Denkens und Forschens

Ausrufung eines Welttags der Philosophie

Eine Verbreitung der Philosophie ist von entscheidender Bedeutung bei der Entwicklung einer demokratischen und friedlichen Kultur. Es ist entscheidend für den Frieden, das in der Philosophie geschaffene Wissen der allgemeinen Öffentlichkeit zur Verfügung zu stellen und in ihren Köpfen eigenständiges Denken zu fördern, insbesondere in Ländern, in denen Philosophie noch nicht offiziell unterrichtet wird. Besonders wichtig ist dabei die Übersetzung philosophischer Werke.

Die in dieser Strategie vorgeschlagenen Maßnahmen umfassen:

- Organisation von Feierlichkeiten zum UNESCO-Philosophietag: Dieser ist vor allem zu verstehen als Forum für Reflexion, welche die Philosophie unterstützt und popularisiert. Seit 2002 finden Veranstaltungen im UNESCO-Sekretariat in Paris und in den Mitgliedstaaten in Zusammenarbeit mit verschiedenen Partnern statt. Besonderer Wert wird darauf gelegt, über die UNESCO-Nationalkommissionen mit verschiedenen Städten und deren Initiativen für die Popularisierung der Philosophie zusammen zu arbeiten (in Partnerschaft mit NGOs, Universitäten, Instituten);

- Interviewreihe mit Philosophen aus allen Regionen der Welt (Philosophen Heute) als Gespräche mit zeitgenössischen Denkern. Die Interviews sollen aufgezeichnet und gefilmt und in einer Broschüre mit CD-ROM veröffentlicht werden; dies wäre auch als Unterrichtsmaterial geeignet. Ziel ist ein sich ständig weiter entwickelndes Lexikon der Philosophen, gemäß dem Vorbild des italienischen Fernsehsenders RAI und seines Programm von Interviews mit Philosophen und dessen multimedialer philosophischer Enzyklopädie (in Partnerschaft mit Fernsehsendern, NGOs, Universitäten und Instituten);

- Entwicklung von Fernseh- und Radioprogrammen über Philosophie, welche bereits im Internet geleistete Arbeiten ergänzen könnten (in Partnerschaft mit NGOs, Universitäten und Instituten);

- Unterstützung der Übersetzung von philosophischen Werken (in Partnerschaft mit Forschungsinstituten und Universitäten).

Ausrufung eines Welttags der Philosophie

Resolution der 33. Generalkonferenz

19. Oktober 2005

Die Generalkonferenz,

- Nach Lektüre von Dokument 33 C/45 über die Ausrufung eines Welttags der Philosophie und die Entscheidung des Exekutivrats zu dieser Ausrufung,

- In Anerkennung der Ergebnisse der Machbarkeitsstudie (171 EX/ INF.12), welche vom Generaldirektor hinsichtlich der Feier eines Welttags der Philosophie vorgelegt wurde,

- In Erinnerung daran, dass die Philosophie als Disziplin kritisches und unabhängiges Denken ermutigt und imstande ist, zu einem besseren Verständnis der Welt und zu Toleranz und Frieden beizutragen,

- In der Feststellung, dass die Verkündung einer Welttags der Philosophie keine zusätzlichen finanziellen Auswirkungen auf den regulären Haushalt der UNESCO für 2006-2007 haben wird,

- In der Überzeugung, dass die Einrichtung des UNESCO-Tages der Philosophie als Welttag der Philosophie Anerkennung für die Philosophie bringen und starke Impulse geben wird, insbesondere für die Lehre der Philosophie weltweit,

1. ruft den dritten Donnerstag im November jedes Jahres als Welttag der Philosophie aus;

2. fordert die Mitgliedstaaten der UNESCO zur aktiven Teilnahme an der Feier dieses Tages auf, und dazu, entsprechende Themen festzulegen, auf lokaler, nationaler und regionaler Ebene, unter aktiver Beteiligung der UNESCO-Nationalkommissionen, von NGOs und einschlägigen öffentlichen und privaten Einrichtungen (Schulen, Universitäten, Instituten, Gemeinschaften, Städte, Gemeinden, philosophischen oder kulturellen Verbänden, usw.);

3. bittet den Generaldirektor, alle Initiativen zu fördern und zu unterstützen, die diesbezüglich auf nationaler, regionaler und interregionaler Ebene unternommen werden;

4. fordert die Vollversammlung der Vereinten Nationen auf, sich mit dieser Feierlichkeit zu verbinden und die Mitgliedstaaten der Vereinten Nationen dazu aufzufordern, dies ebenfalls zu tun.

Personenregister

Abbé de Saint-Pierre 11, 62
Adams, D. 65
Andonov, A. 75
Apel, K.-O. 89
Aragon, L. 23
Aristoteles 52-55, 76ff
Aron, R. 39
Auger, P. 34
Ayer, A. 21, 23
Ayoub, J.B. 85

Bernanos, G. 39
Bertaux, P. 23
Bidault, G. 39
Bindé, J. 88
Blum, L. 17, 30
Bodin, J. 37
Boni-Koné, T. 71, 75, 90
Bouveresse, J. 58
Bowra, M. 23
Breton, A. 42

Caillois, R. 39, 41ff
Camus, A. 24
Canguilhem, G. 72
Caperson, M. 23
Carr, E.H. 23, 34
Carr, W.G. 23
Cassin, B. 102
Cassin, R. 54, 63
Cassou, J. 23
Chun-Shu 34
Comas, J. 65
Compton, A.H. 23
Coppens, Y. 58

d'Ormesson, J. 41, 43, 87f
Darnell, N. 87

de Almeida, O. 23
de Beauvoir, S. 24
Delacampagne, C. 74
Delmas-Marty, M. 90
Derian, J.C. 58
Derrida, J. 13f, 52, 59
Droit, R.-P. 68, 74f, 88, 90
Dunn, L.C. 64

Freud, A. 23
Freud, S. 78
Friedmann, G. 34
Fritzsche, K.P. 103

Giannini, H. 71, 75, 80f, 83
Goldmann, L. 45
Gosepath, S. 95f
Granger, G.G. 58
Guariglia, O. 89
Guiant, J. 58

Habachi, R. 52
Hartog, M.-P. 52
Havet, J. 14, 19, 51, 55ff, 72
Heidegger, M. 45, 59, 81
Hersch, J. 12, 45f, 48ff, 58f
Hobbes, T. 37, 61
Hountondji, P. 74
Huxley, A. 39
Huxley, J. 19, 23, 27, 29

In-Suk Cha 71, 75, 83, 88
Jaspers, K. 45, 48
Joliot-Curie, F. 23

Kant, I. 11, 52, 59, 62, 67
Kim, Y. 89
Kierkegaard, S. 45

Personenregister

Klineberg, O. 64
Koestler, A. 24
Koudriavtsev 58
Krishna, D. 56
Kuçuradi, I. 71, 84, 90, 97
Küng, H. 89

Lacan, J. 54, 76, 78
Langaney, A. 58
Laski, H.J. 34
Lazlo, E. 58
Lecourt, D. 71, 74f, 88
Leiris, M. 64
Lelong, P. 58
Lévi-Strauss, C. 65
Little, K. 65

M'Bow, A.-M. 55, 73
Mac Leish, A. 18
Machiavelli, N. 61
Maheu, R. 13f, 44ff, 50ff
Malraux, A. 23
Marcel, G. 45
Maritain, J. 29-33, 35, 37, 39, 49
Massignon, L. 23
Matsuura, K. 91, 99
Mayor, F. 54, 67, 74, 87
Mayz Vallenilla, E. 81f
McKeon, R.O. 34
Milosz, C. 48
Montefiore, A. 56
Mounier, E. 23

Naraghi, E. 87
Needham, J. 19, 23
Ocampo, V. 39
Oiserman, T.I. 56

Paci, E. 45
Pascal, B. 61
Paz, O. 43
Petterssen, P. 23

Pisani, E. 58
Porcha, A. 40
Poulain, J. 62, 82f, 89f, 93, 100f, 103
Prigogine, I. 58

Rachline, F. 74
Radakrishnan, S. 23
Read, H. 23
Ricœur, P. 56, 80, 88
Rorty, R. 83, 88f
Rose, A. 65
Rousseau, J.-J. 62
Sanchez, C. 74
Sandkühler, H.J. 95, 97, 100
Sané, P. 12
Sartre, J.-P. 21-25, 44f, 95
Scarantino, L. 74
Schelling, F.W.J. 59f
Schlanger, J. 87
Schneider, U.J. 74
Servan-Schreiber, J.J. 58
Sezgin, F. 58
Sinaceur, M.A. 52, 54
Skipis, M. 23
Somerhausen, L. 34
Soupault, Ph. 39
Spender, S. 23
Starobinski, J. 58
Supervielle, J. 39

Tassin, E. 74
Thomas von Aquin 61
Thomas, J. 14, 39, 41, 46, 58, 64
Thulrup, N. 45
Torrès Bodet, J. 40
Triki, F. 71, 84, 90f, 97, 100f, 103

Varis, T. 65
Vermeren, P. 74, 79, 81, 90, 93
Vuillemin, J. 55, 58

Wagner de Reyna, A. 13, 52
Wahl, J. 45
Walzer, M. 89
Wilson, H. 23

Wulf, Ch. 101, 103

Yausaki, O. 89
Yuen Ren Chao 23

PHILOSOPHIE UND TRANSKULTURALITÄT
PHILOSOPHIE ET TRANSCULTURALITÉ

Herausgegeben von
Sous la direction de
Jacques Poulain (Paris), Hans Jörg Sandkühler (Bremen/Brême), Fathi Triki (Tunis)

Im Mittelpunkt der von den *UNESCO-Lehrstühlen für Philosophie* an den Universitäten Tunis (Fathi Triki) und Paris (Jacques Poulain) sowie der Deutschen Abteilung «Menschenrechte und Kulturen» des Pariser Lehrstuhls (Hans Jörg Sandkühler) herausgegebenen Reihe stehen Fragen der Praktischen Philosophie, des transkulturellen Dialogs und des humanen Zusammen-Lebens sowie epistemologische Beiträge zur Reflexion über die Wissenschaften, über Ethik, Politik und Recht und über Ästhetik in dem durch die UNESCO definierten Rahmen. Die philosophische Arbeit des Begriffs, die Erneuerung der Ideen und das Infragestellen der Weltbilder tragen zur besseren Meisterung der Weltprobleme bei. Die Philosophie leistet durch die Analyse der Lebensweisen und durch die Begründung eines neuen Universalismus, der die Differenzen und Unterschiede ernst nimmt, ihren Beitrag zur Stiftung einer pluralen, für das heutige menschliche Leben offenen Identität.

Au centre de la série, publiée par les *Chaires UNESCO de Philosophie* aux Universités de Tunis I (Fathi Triki) et de Paris (Jacques Poulain) et de la Section allemande «Droits de l´Homme et cultures» de la chaire parisienne (Hans Jörg Sandkühler), figurent les questions de la philosophie pratique qui concernent, d'un côté, le dialogue interculturel et le vivre-ensemble transculturel et, de l'autre, les contributions épistémologiques au développement de la réflexion sur les sciences, la politique et les droits, l'éthique et l'esthétique dans le cadre défini par l'UNESCO. Le travail des notions et des concepts philosophiques, le renouvellement de notre glossaire d'idées et la mise en question de nos visions du monde, nous aident à mieux maîtriser notre monde. Par l'examen attentif des modes de vie, par la fondation d'un nouvel universalisme qui prend au sérieux les différences et les diversités, la philosophie participe à édifier une identité plurielle ouverte à l'homme contemporain.

Bd./Vol. 1 Hans Jörg Sandkühler / Fathi Triki (Hrsg./éd.): Die Aufgaben der Philosophie in der transkulturellen Welt / La tâche de la philosophie dans le monde transculturel. 2002.

Bd./Vol. 2 Hans Jörg Sandkühler / Fathi Triki (Hrsg./éd.): Der Fremde und die Gerechtigkeit / L'étranger et la justice. 2003.

Bd./Vol. 3 Hans Jörg Sandkühler / Fathi Triki (Hrsg./éd.): Gewalt und Recht in transkultureller Perspektive / Violence et droits dans une perspective transculturelle. 2004.

Bd. 4 Jacques Poulain / Hans Jörg Sandkühler / Fathi Triki (Hrsg.): Menschheit – Humanität – Menschlichkeit. Transkulturelle Perspektiven. 2009.

Vol. 5 Jacques Poulain / Hans Jörg Sandkühler / Fathi Triki (éd.): Les figures de l'humanité. Perspectives transculturelles. 2009.

Vol. 6 Anthony Onyemachi Agwuele: Rorty's Deconstruction of Philosophy and the Challenge of African Philosophy. 2009.

Vol. 7 Jacques Poulain / Hans Jörg Sandkühler / Fathi Triki (éd.): La dignité humaine. Perspectives transculturelles. 2009.

Vol. 8 Cyrille B. Koné: De la réconciliation terrestre. Essai sur la citoyenneté réhabilitée. 2010.

Vol. 9 Jacques Poulain / Hans Jörg Sandkühler / Fathi Triki (éds.): Justice, Droit et Justification. Perspectives transculturelles. 2010.

Bd. 10 Jacques Poulain / Hans Jörg Sandkühler / Fathi Triki (Hrsg.): Gerechtigkeit, Recht und Rechtfertigung in transkultureller Perspektive. 2010.

Vol. 11 Cyrille B. Koné (éd.): Méditation et gestion des conflits. Essais sur les fins et les moyens pacifiques de sortie de crise. 2011.

Bd. 12 Hong-Bin Lim / Georg Mohr (Hrsg./eds.): Menschsein. On Being Human. Deutsche und koreanische Studien zu Epistemologie, Anthropologie, Ethik und Politischer Philosophie. German and Korean Studies in Epistemology, Anthropology, Ethics and Political Philosophy. 2011.

Bd. 13 Hans Jörg Sandkühler (Hrsg.): Recht und Kultur. Menschenrechte und Rechtskulturen in transkultureller Perspektive. 2011.

Bd. 14 Patrice Vermeren: Die Philosophie und die UNESCO. Mit einem Nachwort von Jacques Poulain. Im Auftrag der Deutschen UNESCO-Kommission aus dem Französischen übersetzt von Hans Jörg Sandkühler. 2011.

www.peterlang.de

Jacques Poulain / Hans Jörg Sandkühler / Fathi Triki (Hrsg.)

Gerechtigkeit, Recht und Rechtfertigung in transkultureller Perspektive

Frankfurt am Main, Berlin, Bern, Bruxelles, New York, Oxford, Wien, 2010.
236 S.
Philosophie und Transkulturalität. Herausgegeben von Jacques Poulain,
Hans Jörg Sandkühler und Fathi Triki. Bd. 10
ISBN 978-3-631-60921-7 · geb. € 44,80*

Die Bedeutungen von Gerechtigkeit, Recht und Rechtfertigung verändern sich im Rahmen ihrer kulturellen Kontextualität. Zugleich haben sie einen transkulturell verstehbaren Sinn. Gerechtigkeit, Recht und Rechtfertigung sind normative Begriffe. Sie spiegeln, dass die Wirklichkeiten nicht sind, wie sie sein sollen. Das Recht soll in Gerechtigkeit gründen; Sätze und Handlungen sollen zu rechtfertigen sein. Weder die Idee des Rechts – die Gerechtigkeit – noch das positive Recht können als von der Natur oder der Geschichte gegebene Objektivität verstanden werden, die von den Rechtssubjekten nur noch anzuerkennen wäre. Das Wissen und das Handeln entwickeln sich in Kontexten epistemischer und praktischer Kulturen, in denen die Verständnisse des Guten, des Gerechten, der Anerkennung und der Versöhnung voneinander abweichen können. Diese Probleme werden – kontrovers und im Geist der Kritik – in der transkulturellen Perspektive des arabisch-deutschen UNESCO-Dialogs erörtert, an dem sich Spezialisten der Epistemologie, der politischen Philosophie und der Philosophie- und Religionsgeschichte, vor allem des Islams, beteiligen.

Aus dem Inhalt: Was ist Gerechtigkeit? · Gewalt und Rechtfertigung · Versöhnung, Recht und Gerechtigkeit · Anerkennung und Rechtfertigung · Epistemologie der Rechtfertigungsverfahren · Ungerechtigkeit gegen dem Anderen und gegenüber sich selbst im Koran · Konflikte der Rechtfertigung des Gesetzes im Islam · Entschuldigung, Verzeihen und Rechtfertigung · Menschenrechte und Demokratie der Anderen · u.v.m.

Frankfurt am Main · Berlin · Bern · Bruxelles · New York · Oxford · Wien
Auslieferung: Verlag Peter Lang AG
Moosstr. 1, CH-2542 Pieterlen
Telefax 0041(0)32/3761727

*inklusive der in Deutschland gültigen Mehrwertsteuer
Preisänderungen vorbehalten
Homepage http://www.peterlang.de